ROTO PERO NO DESTRUIDO

Por: Pastora Claudine Benjamín

Derechos de autor © 2024 Por: Pastorae Claudine Benjamín

Reservados todos los derechos. Ninguna parte de este libro puede usarse ni reproducirse de ninguna forma sin permiso por escrito, excepto en el caso de citas breves en artículos o reseñas críticas.

Impreso en los Estados Unidos de Estados Unidos y Canadá
Publicado por COJ BOOKZ
Correo electrónico: Info@cojbookz.com

ISBN - Bofetada en blanco: 978-1-998120536

DEDICACIÓN

A mis hijos, Kenneth Benjamin Jr., O'Neil Benjamin y Samantha Benjamin, sus cónyuges y todos mis nietos por venir.

Gracias por amarme tanto y estar ahí para mí.

cada paso del camino.

TE AMO CON TODO MI CORAZÓN.

EXPRESIONES DE GRATITUD

Primero quiero agradecer a Dios por su fidelidad. También quiero agradecer a la familia de mi iglesia, a Newlife Community Ministries y a todos mis familiares y amigos que contribuyeron y me alentaron a completar este libro. Un agradecimiento especial a mi difunto esposo, el obispo Kenneth K. Benjamin, quien siempre me decía: "Tú puedes hacerlo".

Te queremos y extrañamos mucho.

AVALES

Nunca deja de sorprenderme cómo Dios toma las experiencias más dolorosas que alteran la vida, las redime y saca algo hermoso de ellas. Su mensaje inevitablemente resonará en muchas, muchas personas y les dará esperanza para los días venideros.

Te felicito por tomar el dolor que experimentaste y permitir que Dios lo moldee hasta convertirlo en un trofeo de gracia.

¡Que el Señor os bendiga y os guarde!

Respetuosamente,
marcos williams
Obispo Presidente/Supervisor General
Oficinas Internacionales de la Iglesia de Dios

Pastora Claudina Benjamín

Con razón se dice: "A quien el Señor hiere, Él usa". Hemos visto las manos guiadoras de Dios llevándola a usted, Hermana Claudina, a través de cada prueba, cada angustia, pena y dolor del rechazo, ¡y aún así usted lleva una sonrisa contagiosa y, a veces, una risa!

Al igual que la parte inferior de ese tapiz, no podías ver el hermoso diseño que tu Hacedor estaba formando de tu vida. En verdad, nunca es el propósito de Dios desamparar u olvidar a los suyos. Su propósito en todas las luchas de la vida es perfeccionarnos y hacernos más como Él. Es cuando nos volvemos más y más como Él que aprendemos las instrucciones que Jesús dio en Mateo 5:44, *"Pero yo os digo: Amad a vuestros enemigos, bendecid a los que os maldicen, haced bien a los que os odian y orad por los que os ultrajan y os persiguen"*. Éste es el principio del caminar cristiano, y usted lo ha caminado bien. Sólo puedes ser mejor por el dolor.

Gracias por compartir la historia de tu vida de manera tan sencilla y mostrar claramente que es Dios quien puede sanar y sanará todos los dolores y quebrantos en nuestras vidas. Muchas, muchas personas que están pasando por su quebrantamiento se beneficiarán enormemente de las experiencias que usted comparte en este libro. *Roto pero no destruido.*

¡A Dios sea la gloria!

Ronald y Evon
Blair
Jamaica

Roto pero no destruido

CONTENIDO

PREFACIO

INTRODUCCIÓN

CAPÍTULO 1   No me descartes porque estoy roto

CAPÍTULO 2   Deshacerse de la amargura

CAPÍTULO 3   Encuentra tu propósito incluso en las pruebas

CAPÍTULO 4   La oración cura el quebrantamiento

CAPÍTULO 5   Dios te validará a través de tu quebrantamiento

CAPÍTULO 6   Poder de descarga

CAPÍTULO 7   Poder de aceptación

CAPÍTULO 8   El poder del perdón

CAPÍTULO 9   Convertirse en una mujer de poder a través de un

Espíritu triunfante

Prefacio

La riqueza y la sabiduría que se derraman en cada página de este libro, *Roto pero no destruido*, es asombroso. Para aquellos que han estado luchando contra los moretones y se preguntan cómo resistir las duras realidades de la vida, las ideas y el aliento de Claudine Benjamin los ayudarán a sobrevivir la prueba de los tiempos. Este libro proporciona las herramientas necesarias para reavivar tu fe en lo que Dios es capaz de hacer incluso en nuestro estado quebrantado.

Claudine es una mujer de fe familiarizada con las decepciones y la desesperación. Ella revela su propia vida, llevándonos a los rincones de su corazón, donde encontramos la sabiduría conquistada en los lugares dolorosos. Ella pinta un cuadro de un Dios que es más grande que nuestras penas y más poderoso que nuestro dolor. Su fe fortalecerá la tuya al ver las huellas a seguir para salir de tu dolor y entrar en la promesa del amor y el poder de Dios. Si alguna vez dudaste de Dios o te preguntaste si Su Palabra y sus promesas son verdaderas, este libro es para ti. Si necesita saber que Dios es real, incluso cuando la vida grita lo contrario, este libro es para usted.

Todos hemos pasado por eso, sueños destrozados, anhelos insatisfechos y decepciones, sintiendo que la vida nos arroja por la borda sin nada a qué aferrarnos. *Roto pero no destruido* nos alienta a no perder la esperanza y nos muestra gentilmente cómo resistir, prosperar y una vez más tener una vida con propósito.

Dr. Obispo W. A. Blair
Supervisor administrativo, Jamaica

Introducción

Aquí estoy en un viaje inusual de la vida. El camino sorprendentemente ha dado vueltas y vueltas, pero aquí estoy. No me perdí. Simplemente estoy siguiendo al líder, que tiene una manera de mantenernos preguntándonos a veces hacia dónde vamos y por qué parece tan confuso en el viaje de la vida. La buena noticia es que Él (Dios) sabe lo que está haciendo. Puede que sus caminos no sean los esperados, pero es la única manera de confiar e ir. Cuando mezclas el poder de Dios con una mujer piadosa, quebrantada y destrozada, obtienes una combinación poderosa y ganadora.

Destrozado, destrozado, víctima involuntaria de situaciones insoportables, di un paso al frente y decidí, por la gracia de Dios, marcar la diferencia. Lanzando el protocolo al viento e ignorando todos mis miedos, me encontré en una brecha que la mayoría de mis compañeros nunca habrían tomado. Asumiendo el riesgo de confiar y trabajar para Dios en mi estado destrozado, expuse y frustré el plan del diablo, el maligno. Me encontré sumergido en una situación amenazante que no tenía vía de escape a simple vista. Una mezcla de incertidumbre y peligro acechaba en la sombra mientras me encontraba destrozado, destrozado y prácticamente atrapado en un laberinto sin salida de dolor y miseria circunstanciales. Con Dios de mi lado, no me desesperé; al contrario, sobreviví y sobresalí.

El mundo ha sido testigo de cómo una mujer capaz entró en un entorno caótico, rota y destrozada, pero permitiendo que Dios le devolviera el orden y el significado a su vida y a la de los demás.

Tengo la intención de modelar un mensaje magnífico, realista y equilibrado de que Dios es capaz de hacer mucho más de lo que podemos pedir o pensar. Me inspiro para inspirar a otros a no perder la esperanza. Vi más allá de mis obstáculos y desafíos y me negué a dejarme intimidar por las probabilidades.

Mi historia puede ser inusual, pero por extraña y desconcertante que pueda parecerle al observador casual, si miras profundamente debajo de las palabras que he escrito en este libro, encontrarás tesoros que nunca esperaste. Me encanta esta canción de Walter C. Smith: "Dios inmortal, invisible, sólo sabio, en luz inaccesible, escondido de nuestros ojos. Bendito, glorioso, el Anciano de los días,
todopoderoso, victorioso, tu gran nombre alabamos". Mis tiempos en mi prueba, e incluso en la tuya, puede parecer por momentos que Dios está lejos. Aunque Él es invisible para nosotros, Él siempre es invencible.

Recuerde que Dios siempre está presente en cada escena y en el movimiento de cada evento, hasta que, finalmente, lleva todo a un clímax maravilloso al demostrar que es Señor de su pueblo.

Puedes curarte. No tienes que ser enterrado con los pedazos rotos y destrozados. Cuando pienso en el poder de Dios para reparar vidas rotas, normalmente pienso en el control soberano. Dios tiene el control en medio de esas circunstancias que te desconciertan hoy, te hacen preguntarte qué vas a hacer o incluso cómo vas a seguir adelante. Puede estar seguro de que el poder y el control soberano de Dios están en acción. Dios nunca conoce la frustración.

Lloramos, lloramos, nos afligimos, pero en medio de todo, Dios nunca cambia. Él sabe de qué se trata y lo persigue con determinación implacable. Él es Dios y no puede cambiar ni cambiará. Pueden estar seguros de que la mano inmortal e invisible de Dios Todopoderoso está trabajando entre bastidores, oculta a los ojos humanos, en nuestro nombre. Confía en Él, incluso si estás en un estado quebrantado y destrozado, sólo un Ser tan bondadoso y omnisciente tendría Su mano sobre una persona tan quebrantada.

Durante mi terrible experiencia, nunca escuché la voz audible de Dios en medio de la noche tranquilizándome, pero por fe lo vi y lo escuché de manera inaudible con regularidad. Podrían haber sido los golpes aplastantes que me hicieron caer de rodillas, o algunas piedras conmemorativas que había recogido a lo largo del viaje de la vida. Cuando hago una pausa y reflexiono sobre de dónde vengo, tan quebrantado y destrozado, me doy cuenta de que es el control soberano, la irresistible providencia de Dios lo que estuvo y todavía está obrando en mi vida. Haz una pausa por un momento y descubre que Dios es Dios. Deja de volver a tu propio tesoro de seguridad, deja de manipular las situaciones, deja de poner excusas, deja de ignorar la realidad de tu situación y confía en que Dios te guiará y guiará. En medio de las luchas, las tormentas y los sufrimientos de la vida, podemos hacer avanzar nuestros pensamientos más allá del hoy y ver alivio, victoria y triunfo. Al final debemos ganar.

CAPÍTULO 1
No me descartes porque estoy roto

El quebrantamiento es parte de la vida. No se puede escapar de ello. Si vives lo suficiente, tendrás un encuentro cara a cara con él. Al mirar hacia atrás en mi vida, puedo recordar muchas experiencias que me destrozaron, pero gracias a la fuerza de Dios todavía estoy de pie hoy. No sólo estoy firme, sino que soy victorioso y lleno de amor, gozo y paz. Esta es mi historia y estoy seguro de que, a través de ella, usted también podrá animarse a superar su quebrantamiento y salir victorioso del otro lado.

A veces todavía me resulta difícil aceptar que mi marido se ha ido. Su muerte fue repentina e inesperada. No estaba preparado para tener que decir adiós; Todo sucedió muy rápido y demasiado pronto. Era más que mi marido, era mi mejor amigo y confidente. Juntos creamos una familia, compartimos treinta años de matrimonio, servimos en el ministerio y esperábamos un futuro brillante juntos. Su muerte dejó a nuestra familia devastada y destrozada. Nuestro sacerdote, nuestro líder, el que dirigía nuestra familia, nos fue arrebatado sin previo aviso.

Había oído a gente hablar de sentirse solo después de la pérdida de un ser querido, pero nada podría haberme preparado para la profunda depresión que sentí mientras lloraba su pérdida. Ver el impacto en nuestros hijos y en la familia de la iglesia fue casi insoportable. Pensando en ese momento, sé que fue sólo Dios quien me guardó. El impacto fue tan grande que dejó conmocionados todos los ámbitos de nuestras vidas: nuestras finanzas, nuestra dinámica familiar, el futuro de nuestro ministerio.

Más allá de la realidad de la pérdida, lo que nunca podré conciliar en mi mente es la falta de apoyo que recibimos de algunas personas clave en nuestras vidas en ese momento. Ésa podría haber sido la realidad más difícil de afrontar en un momento tan devastador; que las personas que esperabas que te detuvieran te dejaron abandonado y solo. El camino hacia la sanación en esa zona ha sido difícil de recorrer, pero le prometí a Dios que a medida que Él sanara mi quebrantamiento, lo compartiría para que otros aprendan y descubran cómo ellos también pueden ser sanados.

Como cristianos, sabemos en nuestra mente que debemos estar preparados para la muerte y la pérdida, sin embargo, nuestra humanidad a menudo se interpone en el camino y nos deja desprevenidos para lo que Dios nos advierte que es inevitable. Al reflexionar sobre ese momento, me pregunté si lograría superarlo y algún día podría volver a unir las piezas. Desde fuera, la gente nunca sabría por lo que estaba pasando, porque soy una persona alegre por naturaleza, y a menudo sonrío y me río a menudo, a pesar de mi quebrantamiento.

He aprendido mucho sobre mí, los demás y Dios a través de esta prueba. Sigo viendo la mano de Dios en mi vida y la vida de nuestra familia. Donde pensé que nunca podría recuperarme, mi Dios ha demostrado ser fuerte y estoy muy agradecido. Llegó un momento en el que tuve que preguntarme: "¿Quieres pasar por encima o por debajo?". Y recuerdo claramente el día que decidí: "Voy a pasar". Es gracias a esa decisión que ahora puedo escribir mi historia. Mi decisión de seguir adelante y llegar a la cima es una de las cosas prácticas que hice para superar mi quebrantamiento.

En este libro, compartiré contigo algunas de las lecciones que he aprendido a lo largo del camino. Comparto los pasos prácticos que he tomado para sanar de mi quebrantamiento y comparto mi historia como un mensaje de esperanza de que el poder sanador y restaurador de Dios es para todos los que crean.

¿Sabías que la felicidad es una elección? Confirmé que esta afirmación era cierta a través de mi curación. La felicidad es una elección consciente, pero no es una respuesta automática. La respuesta automática es tristeza, depresión, ansiedad y miedo. Es muy fácil perderse en esas emociones, sin embargo si tu objetivo es la felicidad, primero debes tomar la decisión de residir allí. A pesar de lo que parezca, debes determinar mentalmente que elegirás ser feliz. Elegí ser feliz en mi quebrantamiento y no fue fácil de lograr, pero lo hice y el resultado ha sido excelente. Elegir ser feliz no significa dejar de sentir tristeza. Elegir ser feliz significa que tomas la decisión consciente de hacer diariamente cosas que cambiarán tu perspectiva a una positiva y edificante. Como dije antes, reconocí que tenía una opción: rendirme o luchar, y elegir ser feliz, para mí, era elegir luchar por mi curación.

La noche que falleció mi esposo, yo estaba con los miembros de nuestra iglesia y el Espíritu Santo me dio la canción: "Es tan dulce confiar en Jesús". Sorprendentemente pude guiar a la congregación a cantar esa canción, a pesar del inmenso dolor que estaba experimentando en ese momento. A pesar del dolor, todavía tenía confianza en Dios. La escritura que vino a mi corazón en ese momento fue Romanos 8:28, *"Y sabemos que a los que aman a Dios, todas las cosas les ayudan a bien, esto es, a los que conforme a su propósito son llamados" (RV).*

Nunca olvidaré cuán vívidamente me habló el Señor. Dijo que incluso en la muerte esa Escritura se aplica, por lo que puedo decirles con confianza a los demás que estarán bien. A pesar de lo que se siente y de lo que parece ahora, todo estará bien. ¡Soy testigo vivo de esto! Me han dicho que las personas que conocen mi historia me consideran una inspiración, por lo que saben por lo que he pasado. Esta también podría ser tu historia, si permites que Dios te guíe por este camino de curación.

¿Qué te ha roto? ¿Fue la muerte de un ser querido? ¿Fue abusado, traicionado o abandonado? ¿O fue algo que te hiciste a ti mismo? ¿Algo que sabías que era pecaminoso en ese momento pero lo hiciste de todos modos y estás viviendo con las consecuencias de tus acciones tontas? Cualquiera que sea la causa de tu quebrantamiento, tengo una gran noticia. Todavía estás en la lucha. A pesar de lo que te hayan hecho, o de lo que hayas hecho, eso no es suficiente para descalificarte de la carrera de la vida. Sé que otras personas pueden ver tu historia y ver tu estado de quebrantamiento y automáticamente descartarte, pero Dios no te ha olvidado ni abandonado. Mientras estés dispuesto a escuchar lo que Dios te dice hoy, hay esperanza para tu vida, a pesar de lo que hayas pasado.

Tengo entendido que a algunas personas les encantan los funerales, especialmente a la "gente de la iglesia". Quizás es por eso que esa misma "gente de la iglesia" intenta enterrarlo en sentido figurado antes de que realmente muera. Conozco el sentimiento y debes resistir la tendencia a caer presa de estas perspectivas sombrías. Si te despiertas por la mañana, tienes el regalo de un nuevo día, con infinitas oportunidades. No permitas que nada ni nadie se interponga en tu camino para lograr lo que Dios tiene reservado.

Es fácil frustrarse y retirarse de actividades debido a luchas personales o al fracaso. Una persona puede pensar que todo ha terminado, pero Dios dice que no. Estoy aquí para declarar que lo mejor está por venir. ¿Crees que eso es cierto para tu vida? A Dios no le gustan las fiestas de lástima. No asiste aunque es invitado por muchos cristianos. El Señor aparecerá cuando decidas tener fe y obras. Las personas que han logrado mucho le dirán que estos logros no llegaron sin un precio. Generalmente, ese costo es mucho más caro de lo que normalmente deseas pagar. La fe sin obras está muerta. El verdadero precio del éxito reside en la necesidad de perseverar. Los retrocesos son simplemente preparativos para que Dios muestre lo que es capaz de hacer. Dile al diablo: "Aunque estoy destrozado, todavía no estoy muerto". Proverbios 24:16 dice, *"Porque el justo cae siete veces y vuelve a levantarse, pero los impíos caerán en el mal"*. La verdad en la vida es que existen obstáculos que pueden hacerle tropezar a medida que avanza hacia la productividad. Mi aliento es que no importa lo que te haga tropezar o incluso romperte, lo más importante es que te levantes después de tu caída. Hay una canción que dice, *"Caemos pero nos levantamos, caemos pero nos levantamos. Porque un santo es simplemente un pecador que cayó y se levantó"*. ¿Puedes cantar esa canción con todo tu corazón y aceptar el hecho de que caer no es lo peor que te puede pasar? Lo peor que te puede pasar es que te caigas y no te levantes.

El enemigo quiere llevarnos a un estado de aceptación, mediante el cual nos consideramos incapaces de alterar las circunstancias que nos quebrantan. Sin embargo, el justo triunfa porque continúa levantándose. El Espíritu Santo nos desafía a permanecer en medio de vientos contrarios y, si tropezamos de rodillas, a tomar la mano de la gracia de Dios y levantarnos. A veces, los peores momentos de nuestras vidas nos fortalecen más que todas nuestras experiencias en la cima de la montaña. El poder de Dios reacciona cuando estamos quebrantados. ¿No es eso lo que Dios quiso decir cuando dijo en

2 Corintios 12:9, "Mi fuerza se perfecciona en la debilidad"?

No os rindáis, amigos míos. A la gente que se da por vencida le suceden cosas terribles. Se llama arrepentimiento. David declara que es el Señor quien te sostiene en los tiempos peligrosos o de lucha interna y quebrantamiento. Es la preciosa paz de Dios la que alivia tu tensión cuando intentas recuperarte frente a la crítica y el cinismo. Cuando te das cuenta de que algunas personas no quieren que tengas éxito, la presión puede aumentar drásticamente. Creo que el lugar más seguro para estar es la voluntad de Dios, sin importar cuán destrozado estés. Si alineas tus planes con Su propósito, sin importar a qué te enfrentes, el éxito es inminente. Buscar los propósitos de Dios inevitablemente enriquece nuestros recursos y hace alcanzable lo imposible. Cuando llegan los desafíos de la vida, sé que estoy en la voluntad de Dios, entonces poco más importa.

Dios dice: *"No permitiré que tu pie se mueva; el que guarda a Israel no se adormecerá ni dormirá."* (Salmo 121:3).

Siempre habrá temporadas de lucha y pruebas. Estos períodos destruyen nuestro orgullo por nuestra propia capacidad y refuerzan nuestra dependencia de la suficiencia de nuestro Dios. El apóstol Pablo llama a esos momentos "una tribulación leve, que dura sólo un momento" (2 Corintios 4:17). No dejes que nadie te descarte. Sé como un árbol en el bosque en invierno, que silenciosamente renueva sus fuerzas, preparándose para su próxima estación de fecundidad. Sus ramas empapadas de los vientos, la savia y la sustancia del árbol pasan al subsuelo. En la primavera, se abrirá camino hacia el surgimiento de una nueva experiencia. El quebrantamiento causa reveses en nuestras vidas, pero debemos permitir que creen oportunidades para un nuevo compromiso y renovación. Tu quebrantamiento tiene su propósito. Es una situación temporal, así que no tomes una decisión permanente que te descarte. Para permanecer dentro se necesita paciencia, la paciencia es el resultado de la confianza. No podemos confiar en un Dios con el que no hablamos. Sin embargo, recuerde que, en medio de los muchos vientos tempestuosos que soplan contra nuestras vidas, Dios ya ha preparado una vía de escape.

Descansa en el Señor. El salmista David dijo: "Mis tiempos están en tu mano" (Salmo 31:15). Hay una sensación de tranquilidad que proviene de descansar en el Señor. Después de las pruebas, el quebrantamiento y todo lo demás, Jesús salió más lleno del Espíritu. Lucas 4:14-15 dice: *"Jesús regresó en el poder del Espíritu a Galilea, y su noticia se difundió por todas las regiones vecinas.."* Salió más lleno de Dios, más revestido del Espíritu y más preparado para la lucha. Cuando seas reparado por el Espíritu Santo, saldrás de tu situación dotado de poder, la gente notará la diferencia y te seguirán grandes bendiciones.

Una vez que el Espíritu Santo haga la obra, llenándote de poder y gracia, no podrás pensar ni decir que nada es imposible, sino que todo es posible para Dios (Mateo 19:26). Miremos el Libro de Ezequiel. El Señor le preguntó al profeta Ezequiel: *"Hijo del hombre, ¿podrán vivir estos huesos?"* (Ezequiel 37:3). Él respondió: *"Oh Señor Dios, tu sabes"* (v.3). Cuando estás en el Espíritu, y todos los huesos rotos y secos te rodean, y hay condiciones estériles por todas partes, cuando piensas que debido a tu quebrantamiento todo es exactamente lo opuesto a tus sueños y deseos, y no puedes ver ninguna liberación por el poder humano. , sepa que su condición (estado quebrantado) es conocida por Dios y que Dios quiere que usted se someta y ceda al Espíritu Santo hasta que su quebrantamiento esté saturado y empapado de Dios. Date cuenta de que Dios, tu Padre, te tiene en tal condición que, en cualquier momento, puede revelarte Su voluntad. Creo que hemos llegado a un lugar donde tenemos que someternos al gran y ungido poder de Dios, y donde veremos que estamos en la voluntad de Dios. *"Estad quietos y sabed que yo soy Dios."* (Salmo 46:10). Este es un lugar de tranquilidad, donde sabemos que Él nos está controlando y moldeando por el gran poder de Su Espíritu. Aunque puedas estar en tu estado de quebrantamiento, este es el lugar al que debes llegar.

Al que cree todo le es posible (Mateo 9:23). Algunos de ustedes se preguntarán por qué el Espíritu Santo tarda tanto. Dios nunca rompe su promesa. La prueba de nuestra fe es mucho más preciosa que el oro (1 Pedro 1:7). Dios nos tiene en esta tierra con un propósito, incluso en nuestro estado quebrantado, y ese es sacar a relucir Su carácter en nosotros. Quiere destruir el poder del diablo. Él quiere moveros para que ante las dificultades y penurias alabad al Señor. Tienes que creer que es imposible que Dios rompa Su palabra. Él es "desde la eternidad hasta la eternidad" (Salmo 9:20).

Nunca olvides que Dios sólo te da lo que sabe que puedes manejar. No hay ninguna situación que estés viviendo solo. Dios camina a tu lado, siempre. "Cuando pases por las aguas, yo estaré contigo; cuando pases por los ríos, no te barrerán; cuando pases por el fuego, no te quemarás, ni las llamas te abrasarán, porque yo soy Jehová tu Dios" (Isaías 43:2). Recuerde, el enemigo siempre pelea con más fuerza cuando sabe que Dios tiene algo grandioso reservado para usted. A veces Dios pondrá un Goliat en tu vida y te quebrantarás, incluso te destrozarás, al encontrar al David dentro de ti. Tu mayor prueba es cuando eres capaz de bendecir a alguien más mientras estás pasando por tu quebrantamiento o tu propia tormenta. Los barcos no se hunden por el agua que los rodea, se hunden por el agua que les llega. No dejes que lo que sucede a tu alrededor entre en tu interior, te pesará o te destruirá.

Todo lo que te destroza sucede por una razón. Encuentra tu bendición, incluso en medio de tu carga. No dejes que el dolor te haga odiar, y no dejes que la amargura te robe la alegría. Mantengo la cabeza en alto después de todo lo que he pasado porque, pase lo que pase, Dios me hizo un sobreviviente, no una víctima. Lucas 10:19 dice: *"Os doy potestad de hollar escorpiones y sobre toda fuerza del enemigo, y nada os dañará."*

Soy un conquistador. Soy victorioso. No me detendrán. Soy un triunfador. soy un *ganador del alma*. He peleado muchas batallas y sigo en pie; He llorado muchas lágrimas y sigo sonriendo; He sido destrozada, traicionada, abandonada, rechazada, pero todavía camino con confianza, todavía río, amo sin dudas, vivo mi vida sin miedo, y puedo decir verdaderamente el Señor estuvo conmigo y me dio fuerzas (2 Timoteo 4:17).

Puede que Dios no haya enviado esa dificultad, pero no la habría permitido a menos que tuviera un propósito para ello. Dios puede usar las decepciones, las puertas cerradas, el dolor y el rechazo para llevarte hacia tu destino. Cuando sucede algo malo, tienes tres opciones: puedes dejar que te defina, dejar que te destruya o puedes dejar que te fortalezca. Sepa siempre que esto no terminará hasta que Dios lo apruebe. Dios tiene la última palabra en tu vida. Mi Dios es más grande, más fuerte, más alto que cualquier otro, Él es mi sanador y asombroso en poder. ¡Qué gran Dios al que servimos!

Oración de compromiso

Roto pero no destruido

CAPÍTULO 2
Deshacerse de la amargura

¿Estaba amargado? ¡En ese momento sí lo era! Sin embargo, lo que me di cuenta a lo largo de mi proceso es que aferrarme a mi amargura eventualmente me llevaría aún más a un pozo de desesperación y depresión. La amargura te destruye física y espiritualmente, y yo soy testimonio vivo de ello. Cuando mi cuerpo quiso levantarse y mirar hacia donde viene mi esperanza, físicamente no pude hacerlo durante los momentos en que estaba concentrado en mis pensamientos y sentimientos amargos.

Estoy seguro de que muchos de los que leéis esto podéis identificaros con lo que estoy diciendo. ¿Se ha encontrado con personas en su vida que no pudieron olvidar los males que sufrieron hace muchos años? A menudo se destacan porque han permitido que la amargura de algún mal real o imaginario coloree y distorsione muchos años de sus vidas. Llegué a un punto de mi proceso en el que me di cuenta de que me estaba convirtiendo en esa persona y rápidamente decidí que tenía que renunciar a la amargura si quería sanar y ser la mujer para la que Dios me creó.

La amargura es una emoción muy destructiva y tóxica. Aferrarse a ello te lleva a una vida improductiva de dolor, ira y resentimiento. Te impide concentrarte en los aspectos positivos de la vida al mantenerte obsesionado con el pasado. Centrarse únicamente en el pasado conducirá a la caída, al deterioro de la salud y a hábitos pecaminosos. Lo que es tan loco acerca de este proceso de amargura es que mientras tú sufres y permites que la amargura te consuma, las personas que te lastimaron a menudo siguen con sus vidas y no piensan dos veces en el daño que te causaron. Cuando te consume la amargura, te pones en una posición en la que te sientes cómodo culpando a los demás por una meta que no se cumplió. Te convences de que si la persona no te hubiera hecho mal tu objetivo se habría cumplido.

Como pastor, he escuchado a muchas personas con mentalidad de víctima hablar de lo diferentes que serían sus vidas si ciertas cosas no les hubieran sucedido. Independientemente de la situación, una vez que una persona adopta la mentalidad de víctima, su perspectiva se vuelve muy similar. Podría ser víctima de violación, abuso, drogas, falta de vivienda, abandono, o podría ser amargura derivada de una mala ruptura, un embarazo adolescente o una infancia difícil; Una vez que una persona se deja absorber por la forma de pensar de la víctima, comienza a culpar a los demás de su infelicidad y angustia.

Una gran parte de deshacerse de la amargura es aprender a hacerse cargo de su vida y aceptar que le han hecho "mal". Sucedió, dolió, estuvo mal, pero lo más importante es que está en el *pasado*. Nada de lo que hagas cambiará lo que ya sucedió en el pasado, así que no cometas el error y permite que eso defina quién eres como persona. En lugar de creer que el mal que te han hecho te ha hecho fracasar, utiliza el dolor como combustible para superar esas barreras y no permitas que te impidan establecer metas y perseguirlas. La amargura es muy desagradable, dolorosa, penosa y difícil de aceptar. A menudo nos aferramos al mal causado por otros, pero al hacerlo permitimos que nuestros agresores tomen nuestro poder, dejándonos impotentes y abiertos a otros ataques. ¿Por qué alguien querría ser vulnerable? No nos ofrecemos fácilmente como presa.

De manera similar al ciclo de la vida, usted es el cazador o el cazado, lo que depende de qué tan alto se encuentre en la cadena alimentaria en términos de caza. Es muy fácil decir que nos quitaron el poder cuando se nos infligió el daño, porque nadie renunciaría fácilmente a su poder sobre sí mismo. Aunque otros pueden robarnos nuestra alegría junto con nuestro poder al causarnos daño, nosotros tenemos la fuerza para recuperar lo que es legítimamente nuestro. Así que no permitas que incidentes pequeños y mezquinos controlen tus acciones, llevándote a persistir en la amargura, perforando tu corazón y dejándote helado.

Reconozco que esto no siempre es una tarea fácil. Si fuera tan fácil simplemente "dejar ir", más personas sabrían cómo hacerlo. Lo que sí parece fácil a veces es ceder a la idea de la venganza y a la fantasía de hacer pagar a los demás por lo que nos han hecho. Para algunos, parece que no pueden superar cuando alguien los lastima y no se disculpa ni muestra ningún remordimiento. Para ellos, la amargura parece ineludible.

Bueno, ¡estoy aquí para declarar que la elección es nuestra! Depende de nosotros decidir qué camino tomar: la víctima o el vencedor. Sé que no es tan simple como parece y que a veces requerirá que superes tu dolor, pero elegir ser el vencedor te dejará con anticipación para salir de la situación en la que te encontrabas, y lo hará. darte esperanza de una segunda oportunidad.

Aferrarse a la amargura te convierte en una víctima de ti mismo, lo que te hace alejar a tus seres queridos porque te concentras constantemente en cualquier daño que te hayan hecho. Algunos de los resultados negativos que puede experimentar son: volverse sombrío, sentirse solo, agitado y vulnerable a otros ataques. Alimentar la amargura insistiendo en cómo has sido víctima hará que te sientas constantemente derrotado y te hará susceptible al fracaso.

La amargura te impedirá vivir en el presente, te dejará pensando en el pasado y aferrándote al odio, creando vacío, profundizando la desconfianza, la hostilidad, la paranoia, la inutilidad y la infelicidad a medida que otros se sienten incómodos estando en tu presencia. La amargura le impedirá cultivar relaciones sanas y satisfactorias, comprometerá su ideal de una vida significativa y atacará su salud, provocando insomnio, presión arterial alta y dolores de cabeza.

Insistir en la amargura tiene un precio que pagar, porque lo que pasa a menudo vuelve, y la víctima siempre paga primero, y el precio a menudo puede ser severo. Los efectos físicos pueden ser dolor emocional y mental prolongado, que puede provocar ansiedad, ataques de pánico e incluso depresión que, si es lo suficientemente grave, puede provocar que las personas se quiten la vida. He visto cómo la amargura puede afectar a las personas hasta el punto de volverse vengativas y participar en actos y comportamientos violentos que las ponen en mayor riesgo de ser victimizadas nuevamente. Al final, la persona amargada queda atrapada en un ciclo circular, interminable y contraproducente de venganza. Hay un dicho que dice: "La venganza es un plato que se sirve frío". Yo digo que la venganza no es ética, no tiene sentido y es peligrosa. Algunas personas creen en vengarse del mal que les han hecho, incluso si eso significa herir a alguien o algo de su agresor. Muhammad Ali dijo una vez en un discurso: "Soy un luchador, creo en el negocio del ojo por ojo. No soy alguien que ponga mejillas. No tengo ningún respeto por un hombre que no devuelve el golpe. Matas a mi perro; Será mejor que escondas a tu gato".

Ali reveló en su discurso que toma el asunto en sus propias manos cuando se trata del tema de la venganza. Prefiero confiar en mi Padre Celestial, quien me dice en Su palabra que me vengará. Creo que las víctimas ven la venganza como una insignia de honor y creen que deben tratar con sus agresores por cualquier medio posible, independientemente de las circunstancias. Sin embargo, la justicia se confunde con el hecho de que dos errores no hacen un bien, y tomar ojo por ojo simplemente dejará al mundo ciego. Debemos recordar que las creencias disfuncionales, como hacer a los demás lo que te han hecho a ti, no corregirán dos errores; de hecho, eso está lejos de ser la verdad y sólo empeora las cosas para todos los involucrados. Si fueras un niño y crecieras en Jamaica, tus padres y abuelos te obligarían a beber arbusto amargo para limpiar tu sangre de todos los dulces que has comido. Si esa fue tu experiencia, ¿recuerdas haber tenido la sensación de estar a punto de morir por el sabor y los escalofríos que te provocaba? Las sustancias amargas y frías te dan escalofríos, entonces ¿por qué participar en algo insoportable o dañino si te quedas con la sensación de que fue poco ortodoxo, sobre todo sabiendo dentro de ti mismo el rumbo por el que pasaste y el impacto? Te permites pasar porque es una segunda naturaleza, es simplemente una respuesta, como un reflejo, para hacer frente a la amargura, porque está incrustado en tu mente que hay un bien mayor cuando la fase amarga pasa o cuando Finalmente has tenido tu venganza.

Además, ¡nada dura para siempre! Para sanar debemos dejar ir. Aferrarnos a cosas que nos hacen daño sólo nos duele más. Claro, eso es obvio; sin embargo, cuando estamos atravesando el proceso y estamos involucrados física y emocionalmente, puede que no parezca una elección tan obvia. En algunos casos es bastante fácil, tan simple como agarrar accidentalmente un quemador caliente, su reflejo se acelera y su reacción inmediata es alejarse para detener el dolor. ¿Por qué no es así cuando alguien más nos causa daño? Para algunos, tendemos a seguir aguantando, pensando que estamos lastimando a la otra persona, cuando en realidad nos estamos lastimando a nosotros mismos.

Parece que las creencias y nuestros propios pensamientos pueden ser controvertidos, y podemos hacernos más daño a nosotros mismos con nuestros pensamientos que a cualquier otra persona. Aferrarnos al dolor más tiempo del que deberíamos simplemente bloquea nuestra bendición. Nuestros sentimientos no son constructivos, ya que herir a otra persona no nos hace más fuertes ni nos sentimos mejor dentro de nosotros mismos, por eso el perdón es la mejor alternativa. Aferrándonos con fuerza, a veces con los dientes apretados, y toda la fuerza que poseemos, dejamos que la ira se acumule, planeando nuestra venganza y enfocándonos en nada más que herir a nuestro agresor. Cuando nos concentramos tanto en un objetivo, somos como un toro que apunta a su objetivo para atacar, y todo lo que ve es rojo mientras se lanza y hace cabriolas sobre él, causando el mayor daño posible.

Al igual que el toro en nosotros, podemos perder de vista y concentrarnos en todo lo que importa y lanzarnos hacia adelante, ignorando esa pequeña voz de razonamiento, aferrándonos con fuerza a la ira hasta el punto en que casi podíamos ver vapor saliendo de nuestros oídos. Necesitamos ser considerados con los demás y con nosotros mismos, como dice la Biblia en Mateo. 6:14-15, *"Porque si perdonáis a los hombres cuando pecan contra vosotros, vuestro padre celestial también os perdonará a vosotros. Pero si no perdonas a los hombres sus pecados, tu padre no perdonará tus pecados"*.

Para sanar verdaderamente nuestro quebrantamiento, debemos detenernos y pensar qué es lo mejor para nosotros y nuestros seres queridos. Aprender a dejar ir es imperativo para convertirnos en lo mejor de nosotros mismos. Deja que tu venganza sea tu éxito, en lugar de que la ira y la venganza sean tu perdición. A nadie le gusta perder, por eso todos queremos ser vencedores, superar la amargura y proclamar nuestra inocencia ante los ojos de quien nos hizo daño; esto nos da la gratificación y el sentimiento de superioridad sobre nuestro malhechor. Tener una mente libre de venganza nos deja espacio para la positividad. Además, hacernos responsables de los logros y los fracasos compensa nuestra responsabilidad de sobresalir, y sentirnos responsables de la grandeza es mejor que la venganza.

Perdonar a otros que te han hecho mal no sólo es bueno para ellos, sino también, y más importante aún, es bueno para ti. Le permite dejar de lado los agravios, los rencores, el rencor y el resentimiento. A menudo oímos hablar del "Karma", que dice que si haces el mal, volverá a ti, y si haces el bien, el bien también volverá a ti, trayendo buena fortuna. Bueno, nosotros, como creyentes, no suscribimos este tipo de pensamiento; sin embargo, nuestra Biblia nos dice que llevemos nuestras preocupaciones al Señor en oración para que Él las resuelva como Él considere oportuno. Esto nos dará la gratificación y la curación que merecemos.

Leemos en el pasaje Lucas 6:27-36:

"Pero a vosotros que escucháis, os digo: Amad a vuestros enemigos, haced bien a los que os odian, bendecid a los que os maldicen, orad por los que os maltratan. Si alguien te abofetea en una mejilla, vuélvele también la otra. Si alguien te quita el abrigo, no le niegues la camisa. A todo el que te pida, dale, y si alguno te quita lo que te pertenece, no se lo reclames. Haz con los demás lo que te gustaría que te hicieran a ti. Si amas a quienes te aman, ¿qué

mérito tienes? Incluso los pecadores aman a quienes los aman. Y si hacéis el bien a quienes son buenos con vosotros, ¿qué mérito os corresponde a vosotros? Incluso los pecadores hacen eso. Y si prestas a aquellos de quienes esperas que te paguen, ¿qué crédito tienes? Incluso los pecadores prestan a los pecadores, esperando ser devueltos en su totalidad. Pero amad a vuestros enemigos, hacedles el bien sin esperar recibir nada a cambio. Entonces vuestra recompensa será grande, y seréis hijos del Altísimo, porque él es bondadoso con los ingratos y malvados. Sed misericordiosos, como vuestro padre es misericordioso".

Deshacernos de la amargura comienza dentro de nosotros mismos, ya que primero debemos darnos cuenta de que algo anda mal y debemos arreglarlo. Comprenda que hay un propósito para su dolor, encuentre el poder dentro de él, perdone y luego deje que Dios haga su trabajo. Efesios 4:31-32 dados, *"Deshacedos de toda amargura, de ira y de ira, de riñas y de calumnias, así como de toda forma de malicia. Sed bondadosos y compasivos unos con otros, perdonaos unos a otros, así como Dios os perdonó a vosotros en Cristo".*

La relevancia en nosotros mismos contribuye a las decisiones que tomamos, conocer nuestro valor y defender nuestra fe por encima de cualquier desánimo y tentación es de gran ayuda, ya que la duda de uno mismo no nublará sus pensamientos ni dejará que el odio se infecte. Dios no te llevará a un lugar del que no te sacará y, a veces, cuando está más oscuro es cuando nuestro milagro está a punto de llegar. Anímate porque cuando se nos presenten pruebas es cuando debemos ser fuertes y orar por aquellos que nos han hecho daño, ayudarnos unos a otros y sanar juntos. A veces, como dijo Trent Shelton, "Tu mayor pérdida es tu mayor ganancia; La fuerza no siempre se muestra en lo que puedes aferrarte, sino en lo que puedes dejar ir". En mi experiencia, nunca debemos culpar a Dios por lo que nos ha pasado, sino agradecerle por nuestras luchas y pedirle la fuerza para salir y perseverar, porque sin las pruebas no conoceríamos nuestra fuerza. Hay un dicho que dice: "Lo curioso de la venganza es que puede convertir a una monja en una asesina". (Kevis Hendrickson). Para evitarlo, debes orar y pedir perdón y guía para vencer. Pide a otros que también oren por ti, especialmente si no tienes la fuerza para hacerlo solo. El perdón es la clave para desbloquear el resentimiento, así que dilo lo suficiente hasta que lo digas en serio, luego dilo y practícalo un poco más.

Cuando alguien nos hace mal, nuestros pensamientos inmediatos son que esa persona, consciente e intencionalmente, hizo todo lo posible para hacerlo. Aunque esto puede ser cierto, muchas veces no lo es, podría haber sido un accidente, la persona puede haber tenido un mal día, preocuparse por sus facturas o incluso simplemente haber perdido a alguien cercano. La próxima vez que alguien haga algo para lastimarte u ofenderte, piensa en diferentes crisis de la vida que podrían provocar que tú o alguien que conoces actúe de manera irrazonable.

Como cristianos, a menudo pensamos en formas de afrontar diferentes situaciones, como orar o detenernos y pensar: "¿Qué haría Jesús si se encontrara en tales situaciones?" En nuestra vida diaria, cristianos o no cristianos, todos tenemos formas de afrontar los momentos difíciles, y esto es lo que nos ayuda a sanar, a ser mejores con nosotros mismos y con los demás. Si ir a las Escrituras te funciona, o correr, trotar u orar, cualquier cosa que pueda sacarte de la oscuridad, simplemente encuentra ese lugar feliz y ve allí. Entregaos a la paz y no os apoyéis en vuestro propio entendimiento. No desistas, porque el sufrimiento proviene de nuestros propios pensamientos, por lo que sólo nosotros podemos liberarnos.

Trent Shelton también dijo que "Sólo porque hayas tenido algunos capítulos malos no significa que tu historia no termine bien". Para mí, esto simplemente dice no dejes que tu dolor sea tu fin, después de una tormenta viene la calma, cuando pase, encuentra la fuerza para superarlo y alcanzar la felicidad. El Señor y Su amor son el remedio más verdadero para el tortuoso veneno de la amargura. El amor nunca falla, por eso debemos dejar a un lado nuestro orgullo y pedir perdón incluso a aquellos que nos han hecho mal. Ésta es la única manera de sanar el dolor que no se cura solo, a través del perdón y la oración, y aceptando que el mal ya estaba hecho.

Todos somos imperfectos en muchos sentidos, pero el Señor no llama a los perfectos, llama a los pecadores que pecan día a día, los que muchas veces son rechazados por los demás. Con Su perdón todos podemos ser blancos como la nieve. Así que perdónense unos a otros y abran las puertas a las bendiciones, porque somos guardianes de nuestro hermano, como se encuentra en Hebreos. 12:14-15—*"Haced todo lo posible por vivir en paz con todos los hombres y por ser santos;*

sin santidad nadie verá al Señor. Procurad que nadie pierda la gracia de Dios y que no crezca ninguna raíz amarga que cause problemas y contamine a muchos".

Somos demasiado rápidos para juzgar antes de ver el panorama completo. A veces, si somos pacientes, el que pensábamos que iba a atraparnos puede haber sido el que nos protegió todo el tiempo. Si alguien había hecho mal y pidió perdón, puede seguir adelante y convertirse en una mejor persona, pero si uno continúa haciendo mal y no ve el peligro, bloquea su bendición. Proverbios 28:23 dice, *"Quien oculta sus pecados no prospera, pero quien los confiesa y renuncia halla misericordia"*. Confesar nuestros pecados al Señor nos ayuda a sanar, así que si luchamos con la amargura y queremos sanar, debemos confesarnos a Dios para comenzar a sanar. Dios perdona y olvida los pecados, aunque tú hagas lo mejor que puedas para hacer lo mismo, puedes fracasar estrepitosamente, pero no te rindas, sigue orando y pidiendo ayuda al Señor para que limpie tu memoria para que puedas recordar con perdón en lugar de herir. Luego pídele al Señor que te libere a ti y a tu ofensor, para que puedas recibir abundantemente tu bendición.

Si bien el Señor prometió que nunca nos dejaría ni nos abandonaría, nunca nos prometió que nuestro viaje sería fácil, así que no crean que no se preocupa por nosotros cuando permite que sucedan cosas. Él permite estas cosas para que podamos llegar a donde necesitamos estar, para que todos podamos ser ganadores en Cristo nuestro Salvador, quien murió en la cruz por nosotros y resucitó. Por eso digo a todos los hombres y mujeres que han hecho mal a alguien: ¡Padre, perdónalos porque no saben lo que han hecho!

Nuestras heridas emocionales y espirituales tienen el potencial de convertirnos en mejores personas o en personas amargadas. Aunque el proceso de curación puede llevar muchos años, llega un momento en el que nos encontramos en una encrucijada y debemos elegir entre mejorar o permanecer amargados. Quizás surja este momento de decisión, y hayamos pasado un tiempo significativo en terapia, y nos demos cuenta de que la vida seguirá pasando de largo y la infelicidad será nuestra compañera más cercana a menos que asumamos toda la responsabilidad por la dirección de nuestra vida. El precio de permanecer amargado es extremadamente alto: oportunidades perdidas, infelicidad, sentirse desconectado de Dios y de los demás, etc. Necesitamos dejar atrás nuestro dolor, porque se ha dicho que ni siquiera Dios puede cambiar el pasado. Dios, que conoce la profundidad de nuestra amargura, desea que conozcamos un futuro mejor. La amargura es la mayor barrera para la amistad con Dios.

Oración de compromiso

Pastora Claudina Benjamín

CAPÍTULO 3
Encuentra tu propósito incluso en las pruebas

El poder de Dios no se deja intimidar por nuestras circunstancias. Dios nos da el poder para alcanzar y lograr nuestras metas, incluso en medio del quebrantamiento. Lo que te dará poder para superar tus circunstancias es llegar a conocerte a ti mismo y saber lo que eres capaz de lograr. Usa tus circunstancias para transformarte a ti y al mundo. Dios exprime el aceite de su unción de tu vida a través de la adversidad. A medida que te presionan, gradualmente te adaptas a la imagen del propósito. La Biblia nos enseña en Romanos 12:2 que debemos ser transformados por la renovación de nuestra mente. El Señor quiere que te des cuenta de quién eres y de qué tienes la gracia de hacer.

Cuando comprendamos que Él es el único que realmente nos conoce, entonces buscaremos, con determinación a través del quebrantamiento, y encontraremos nuestro propósito. No importa qué pruebas o circunstancias hayan dejado una impresión en usted, la Palabra de Dios prevalece. Los obstáculos de las cicatrices pasadas pueden superarse con las verdades presentes de la Palabra de Dios. Tu liberación no comenzará en tus terribles circunstancias, siempre evolucionará a partir de tu mentalidad. A veces puedes sentirte frustrado y retraído debido a una lucha personal, pero esto no termina hasta que Dios lo diga. Hay un propósito en ti, así que no te rindas. Muchas personas que han logrado mucho le dirán que esos logros tuvieron un gran precio. Generalmente, ese costo es mucho mayor de lo que estaban dispuestos a pagar. El verdadero precio del éxito reside en la necesidad de perseverar.

Los contratiempos son precisamente lo que Dios ama y los usa como preparativos en nuestras vidas para mostrarnos lo que Él es capaz de hacer. Hay obstáculos que pueden hacerte tropezar mientras intentas escalar hacia tu propósito, y el enemigo quiere adormecerte hasta un estado de aceptación, mediante el cual te consideras incapaz de alterar las circunstancias que te limitan. Pero recuerda que el Espíritu Santo nos desafía a estar firmes en medio de vientos contrarios, porque Él está con nosotros. Mientras persigues tu propósito a través del quebrantamiento, recuerda que tu quebrantamiento no es un fracaso. El fracaso llega cuando cuestionamos la falta de compromiso que nos permitió perder la oportunidad de convertir las pruebas y pruebas en triunfo y victoria. Nunca podremos estar seguros de la respuesta, a menos que reunamos el coraje y concentremos nuestras fuerzas para lograr el propósito que Dios nos ha dado.

Debemos tener pasión por ser implacables, pase lo que pase. Es importante recordar que el esfuerzo es el puente entre la mediocridad y los logros magistrales. En Romanos 8:28 somos llamados según Su propósito. Siempre que alineamos nuestros esfuerzos con el propósito de Dios, automáticamente somos bendecidos. He luchado en el proceso de angustia y dolor, pero esas experiencias nocturnas me permitieron encontrar el verdadero propósito que Dios tenía para mi vida. Cuando eres consciente del propósito divino, hay algunas cosas que no debes hacer, sin importar las circunstancias, porque anularán el propósito de Dios en tu vida, las cuales compartiré contigo.

Ser llamados según un propósito nos permite centrarnos en el desarrollo de nuestras vidas mientras vivimos un día a la vez. Simplemente alinea tu plan con el propósito de Dios para tu vida y sé que el éxito será inminente. Las tormentas de la vida vendrán, pero asegúrate de estar en la perfecta voluntad de Dios y descubrirás que nada más importa. David dijo en el Salmo 121:3: *"No permitirá que tu pie se mueva; el que guarda a Israel no se adormecerá ni dormirá"*. Confíale a Él tu propósito; Él lo hará realidad.

Siempre tendremos temporadas de luchas y pruebas. No podemos escapar de esto. Incluso hay ocasiones en las que intentamos hacer la voluntad de Dios y parece que todo sale mal. Podría ser simplemente nuestra temporada de lucha, donde nuestro orgullo es destruido y nuestra capacidad para reforzar nuestra dependencia de la suficiencia de nuestro gran Dios se fortalece. Confía en Dios, incluso cuando envía vientos de muerte o agitación, porque hay un propósito para estas pruebas temporales. 2 Corintios 4:17 dice estos Son aflicciones leves, y son sólo por un momento. Siempre me animo diciendo: "Esto también pasará". Algunas cosas no están destinadas a cambiar sino a sobrevivir.

Los reveses temporales en su vida crean oportunidades para un nuevo compromiso. Es importante recordar que al buscar el propósito de Dios para su vida no caiga en la tentación de tomar decisiones permanentes basadas en circunstancias temporales.

Estamos envueltos en paz cuando sabemos que nada de lo que el enemigo haga en nuestras vidas puede abortar el plan o propósito de Dios en nosotros. Dios ha plantado una semilla de propósito en nuestras vidas y Él usa las pruebas y pruebas para regar nuestro propósito. Solo dale tiempo, empezará a brotar. Dios sabe cuando hemos llegado al momento de la germinación, así que tened paciencia.

La Palabra de Dios afirma en Zacarías 4:6 que *"No es con fuerza ni con fuerza sino con mi espíritu, dice el Señor de los ejércitos"*. Incluso si las circunstancias parecen contradecir tu propósito, el propósito siempre prevalecerá. Satanás siempre intentará asesinar el propósito y la voluntad de Dios en tu vida, pero *"El que comenzó en vosotros la buena obra, podrá realizarla hasta el día de Jesucristo"* (Filipenses 1:6). Si ha experimentado una pérdida en su vida, Dios tiene una manera de restaurar cosas que pensó que nunca volvería a tener. La vida siempre presentará personas quebrantadas que están en un lugar de lucha y angustia, pero si tienes un propósito divino y la vida ha sido amarga contigo, agárrate y espera pacientemente en Él. Valdrá la pena la espera.

Todos hemos enfrentado días y meses, incluso años, en los que sentimos que Dios nos ha olvidado. Es el tiempo de Dios en lo que debemos confiar. Tenga suficiente fe para asumir un patrón de espera y esperar pacientemente a que se cumpla el propósito de Dios. Incluso en esos momentos de absoluto estancamiento en tu vida, llenos de quebrantamiento, Dios todavía está obrando cosas para tu bien. Independientemente de las circunstancias que estén sucediendo en tu vida, Dios es capaz de sacarte a la luz. Para cada problema en tu vida, Dios tiene una gran solución.

Puede que estés pasando por ahora, pero recuerda que el fuego no destruye el oro, lo purifica. El producto final, aunque sea doloroso llegar allí, será un proceso ardiente que producirá oro. Siempre que ves a alguien brillando con el Rey de la brillantez, con el propósito de Dios, estás mirando a alguien que ha pasado por el horno de la aflicción. He aprendido, a través de mi propia experiencia, que Dios pone Su preciada posesión en el fuego. Él obtiene la gloria más brillante de aquellos que están expuestos a las pruebas más ardientes. Dios sabe que quemará las impurezas de Su propósito en tu vida. El hombre no controla el termostato en las pruebas de tu vida, Dios sí. Él cumplirá Su propósito en tu vida, incluso con las pruebas de la vida.

Qué consuelo es saber que Dios tiene interés en mi liberación. Detente y piensa que fue el propósito divino de Dios el que te mantuvo a través de todas las luchas de la vida y te mantuvo a flote. Leemos en Job 23:10, *"Él sabe mi camino: cuando me haya probado, saldré como oro"*. Hay momentos en nuestras vidas en los que Dios nos llevará de un ámbito de fe a otro, mientras el fuego de la persecución nos obliga a hacer un nivel más profundo de compromiso. Encuentra un lugar en Dios donde el fuego consuma cada deseo, y conoce que el Señor es poderoso, y no dejes que las heridas y las rarezas emocionales te destruyan o manipulen. Dios nos ha dado poder para destruir cada fortaleza en nuestras vidas. Sabemos esto por lo que está escrito en 2 Corintios 10:4-5: *"Porque las armas de nuestra guerra no son carnales, sino poderosas en Dios para derribar fortalezas"*.

El consuelo llega cuando sabes que la adversidad actual pronto terminará. Si estás llorando por el rechazo y las pruebas, pídele a Dios que te ayude a aceptar las cosas que no puedes cambiar y que te dé el valor para cambiar las cosas que sí puedes. Di: "Hágase tu voluntad en la tierra como en el cielo". Ese es el propósito. Te animo a que, sea lo que sea por lo que estés pasando, dejes que nazca el propósito dado por Dios dentro de ti. Deja que tu quebrantamiento te lleve a una vida guiada, controlada y dirigida por los propósitos de Dios. Nada importa más que conocer los propósitos de Dios para tu vida. Sin un propósito, la vida es un movimiento sin significado y sin sentido. Es humano distraernos por las circunstancias que nos rodean, pero debemos poner nuestros esfuerzos y energía en lo que es importante, y es conocer el propósito de Dios para nuestras vidas. Conocer tu propósito motivará tu vida y producirá pasión.

Hay una bendición en el horizonte para la persona que ha encontrado su propósito. Sólo aquellos que permitan que sus experiencias los preparen serán elegibles para recibir esta investidura del Señor. Pídele a Dios que te dé la paciencia que necesitas para empoderarte y tener éxito. Si has plantado la semilla del propósito y la has regado abundantemente con lágrimas y lucha, entonces debes saber que ahora es tu momento de brillar. Puedo dar fe de esto. He visto el Salmo 126:5-6 cobrar vida en mi propia vida—*"Los que siembran con lágrimas, con alegría segarán"*. Salmo 126:6, *"El que sale y llora llevando la preciosa semilla, sin duda volverá con regocijo trayendo consigo sus gavillas.."* Es a través de tus propias luchas llenas de lágrimas que Dios dirige el agua de la vida hacia tu propósito.

Anímate hoy, lo que siempre debemos recordar es que Dios puede bendecirnos en cualquier circunstancia o área de nuestra vida, incluso en el quebrantamiento. Dios ha invertido demasiado en nosotros como para dejarnos sin ningún propósito o productividad. Ha estado puliendo y arreglándose con todas las diferentes luchas que encontramos. Cuando Dios comience a llevarte a tu temporada, te darás cuenta de que todo lo que has pasado fue para tu bien. Ahora soy una obra maestra creada para el Maestro, ganando la pérdida a cualquier precio. Es posible que hayas estado cubierto de tristeza y te sientas enterrado, envía tus raíces mientras estás enterrado. Os levantaréis produciendo calidad y cantidad.

Después de repasar todo lo que he pasado y haber encontrado el propósito que Dios me había dado, tengo una celebración en marcha, por dentro y por fuera. Miré hacia atrás y me di cuenta de que era el momento en que el Señor me estaba arando y fertilizándome. Doy gracias a Dios por estar todavía aquí para dar testimonio de su poder sustentador. Dios ahora ha cultivado para mí una tierra fresca y está llena de almas. Dios ha comenzado una buena obra y puede continuarla hasta el fin. No te rindas. Oro para que Dios nos permita hacer los cambios radicales necesarios para cumplir nuestros propósitos. Cuando el enemigo crea que te tiene, transfórmate ante sus propios ojos y di: "Todo lo puedo en Cristo que me fortalece".

Si el plan de Dios es que luchemos contra el quebrantamiento, por cualquier medio, para lograr Su propósito, entonces tenemos que tener fe para que nos permita perseverar y nos libre de las pruebas.

Oración de compromiso

Pastora Claudina Benjamín

CAPÍTULO 4
La oración cura el quebrantamiento

¿Alguna vez te has sentido roto sin posibilidad de reparación? ¿Sentiste que nunca te recuperarías de algo que te hicieron? ¿O alguna vez te ha traicionado alguien muy cercano a ti? ¿Quizás perdió a un ser querido, sufrió dificultades financieras o incluso recibió un trato injusto? Cualesquiera que sean las circunstancias que haya enfrentado o esté enfrentando actualmente, Jesús dio Su vida para su liberación. El Salmo 147:3 declara, *"Él sana a los quebrantados de corazón y venda sus heridas."* Si te preguntas: "¿Estoy destrozado?" o si te preguntas si tal vez estás negando estar roto, definamos qué significa roto. Según el diccionario, roto se define como "1. Habiendo sido fracturado o dañado, y ya no en una sola pieza o en condiciones de funcionar. 2. (de una persona) habiendo perdido toda esperanza; desesperado." Realmente tendría sentido sentirse así si no conoces a Dios o nunca has oído hablar de Él, pero realmente dudo que, en este tiempo que estamos viviendo, realmente sea difícil para una persona decir nunca han oído hablar de Dios.

Seamos honestos, a veces parece que no puedes tomar un descanso o que las probabilidades definitivamente no están a tu favor, pero no todo está perdido, no todo es pesimismo, hay una razón y un propósito para todo. que atravesamos. En Jeremías 29:11, Dios dice: *"Porque yo sé los planes que tengo para ti declara el Señor planes para prosperarte y no hacerte daño, planes para darte esperanza y un futuro."* ¿No es eso asombroso? En la vida tenemos opciones: puedes elegir permanecer arruinado, elegir darle a tus luchas la victoria sobre ti, o puedes elegir levantarte y encontrar un camino mejor, un camino que te acerque más a Jesús y te ayude a vivir. estar libre de las cargas ajenas. Así es, las cargas de otras personas, esto es exactamente lo que sucede cuando permaneces en un estado de quebrantamiento, le estás dando a todos los demás el control de tu vida, en lugar de tomar el control de tu propia vida.

Hay muchas razones por las que deberíamos orar y cosas por las que deberíamos orar, como claridad, estabilidad, sanación, liberación y mucho más. Demos un paso atrás sólo por un momento. Si alguien te lastima, perdónalo por ti mismo, de lo contrario caminarás en amargura y separación de la presencia de Dios. ¿Te imaginas una vida de dolor, tristeza, angustia, enfermedad y muerte? Bueno, eso es exactamente lo que sucede.

A menudo escuchamos que la gente murió con el corazón roto. ¿Cómo es eso posible?, preguntas. La respuesta es cuando tu corazón no puede soportar más dolor y hay tanto acumulado dentro de ti que tu cuerpo, que fue diseñado para darle gloria a Dios, simplemente se da por vencido. Este cuerpo en el que estamos no está destinado a ser estresado excesivamente; de hecho, el único propósito de este cuerpo es darle gloria a Dios mientras aún estemos en la Tierra. A veces parece más fácil permanecer en un estado roto que recoger los pedazos e intentarlo de nuevo. Verá, la sociedad nos ha enseñado que es mejor ocultar el hecho de que estamos heridos, magullados, maltratados y abusados. Sí, es mucho más fácil andar por ahí mirando y actuando como si todo estuviera bien, incluso cuando te estás muriendo lentamente por dentro. Esta, sin embargo, no es la vida para la que Dios te creó, pero ¿cómo regresas a la vida que Dios creó para ti? Buena pregunta. Primero, comienza reconociendo el lugar donde te encuentras ahora y sabiendo que la única persona que puede ayudarte a mejorar es Dios. Verá, cada vez que una persona está destrozada, significa que lo más probable es que esté luchando contra la depresión, todo parece oscuro y simplemente no parece haber ninguna esperanza. Cuando estás deprimido, no puedes pensar en el futuro ni siquiera en el día siguiente, no quieres estar cerca de nadie, casi como si estuvieras en una prisión, excepto que no es una prisión física, es una prisión mental. Cuando una persona lucha contra la depresión, a veces siente que permanecer en esa prisión es más fácil o menos estresante que intentar salir.

Gracias a Dios por Jesús que sabe exactamente dónde estamos y sabe cómo llegar hasta nosotros. La Biblia nos dice en Hebreos 4:15, *"Porque no tenemos un sumo sacerdote que no pueda compadecerse de nuestras debilidades."* Esta escritura nos hace saber que Jesús ya preparó el camino para nosotros. Todo lo que pasamos o pasaremos alguna vez, Él ya lo pasó y no falló, por lo tanto, podemos acudir a Él en busca de ayuda.

¡La oración cura el quebrantamiento! Anteriormente en este capítulo, mencioné que el "pesimismo" es la razón que hace que una persona se sienta destrozada. Aunque una persona se sienta destrozada, nunca pierda la esperanza de que haya una luz al final del túnel. Jesús es nuestra luz, y si podemos tener un poco de fe, aunque sea tan solo una semilla de mostaza, hará una gran diferencia. Es posible que estés profundamente herido, tal vez sintiendo que alguien a quien querías te arrancó el corazón del pecho o se aprovechó de tu bondad y te dejó con la sensación de que nunca más te recuperarías, o simplemente quieres que la tierra se abra y te trague. Hay tantas emociones que pasan por nuestra mente cuando sucede algo perjudicial en la vida. Ésta es una de las razones por las que la oración es tan importante.

¿Qué es la oración? Según el diccionario, la oración es una petición solemne de ayuda o una expresión de agradecimiento dirigida a Dios o a un objeto de culto. La oración para mí, sin embargo, es comunicación con Dios; hablando con Él como lo haría con otra persona sentada a su lado. Es una relación en la que sabes con confianza que puedes hablar con él sobre cualquier cosa. Orar es saber que puedes sentir y percibir la presencia de Dios, y que puedes hablar con Él sabiendo con 100% de certeza que nadie más escuchará lo que le dijiste. Ahora que sabemos lo que significa la oración, podemos ver la razón por la que la oración es tan importante en nuestras vidas, especialmente para la curación de nuestra mente, cuerpo y alma. El hecho es que el quebrantamiento ejerce mucha presión sobre nuestros cuerpos. Por ejemplo, se ha demostrado estadísticamente que la ira debilita el hígado, la pena debilita los pulmones, la preocupación debilita el estómago, el estrés debilita el corazón y el cerebro y el miedo debilita los riñones. ¿Qué más necesitas ver para animarte a vivir la vida que Dios quiso que vivieras? Date cuenta de que para vivir libre de quebrantamiento, es esencial sanar lo más rápido posible.

La oración no sólo te cura mental o espiritualmente, también actúa en tu ser físico. Se llama alineación. La Biblia dice en Marcos 12:30: *"Y amarás al Señor tu Dios con todo tu corazón, y con toda tu alma, y con toda tu mente, y con todas tus fuerzas"*. *I*De hecho, este es un mandamiento. Si estás en los abismos de la desesperación, naturalmente estás más inclinado a concentrarte en el desorden que en el Mesías, entonces, ¿dónde encontrarías el tiempo para amar al Señor con todo tu corazón, alma, mente y fuerzas? La oración nos lleva a ese lugar donde podemos profundizar y encontrar fuerza, alegría, paz, esperanza y mucho más; también nos lleva a ese lugar de consuelo que es el consuelo "correcto".

Lo intenté y lo probé por mí mismo. Una vez estuve en un momento de mi vida en el que sentí que vivía en prisión; No había alegría en mi vida, no podía ver con claridad, el futuro era muy oscuro. Conocía a Dios, pero simplemente no estaba cerca de Él. De hecho, estaba enojado con Él por algunos de los eventos que sucedieron en mi vida. Finalmente, llegó el día en que casi pierdo la cabeza. Había tantas cosas pasando por mi mente y no podía captar ni un solo pensamiento. Me asustó, porque sentí que si llegaba a este punto entonces mi vida se acababa. Estaba encerrado en mi propia mente en una prisión de mis circunstancias, entonces Dios me dio la fuerza sobrenatural para agarrar la Biblia (Instrucciones Básicas Antes de Dejar la Tierra), y leí Sus palabras y pensé en ello, para que no perder la cabeza. Entonces comencé a llorar. ¿Sabías que las lágrimas también son oraciones? Tus lágrimas le dicen a Dios lo que a veces tus labios ni siquiera pueden pronunciar, porque proviene de lo más profundo de tu alma. Una vez que derramé mi corazón en lágrimas, pude empezar a hablar. Verás, Dios me ayudó a llegar al punto en el que podía sentirme lo suficientemente liberado como para empezar a hablar con Él. Me senté y hablé con mi Padre y le dije lo herido que estaba y lo enojado que estaba con Él, ¿y sabes qué? En ese mismo momento comencé a sentirme vivo nuevamente. No fue un proceso de un día y fui honesto conmigo mismo al saber que la curación completa no sería de la noche a la mañana, sino que llevaría tiempo. Es un proceso.

Es necesario decirles que he pasado por experiencias dolorosas y sólo lo he superado gracias a Dios. La oración es la clave para ser sanado. Te permite abrirte una vez más y permitir que Dios se haga cargo y se ocupe de tu corazón y permita que las cosas vuelvan a estar en orden para que puedas comenzar a vivir de nuevo. Podemos cambiar a la humanidad, la sociedad y a nosotros mismos sentándonos en oración. Los místicos siempre han sido claros sobre este punto. La oración silenciosa de los hombres y mujeres que se comprometieron con la presencia de Dios es mucho más fuerte y poderosa que las palabras. Esas personas están, por así decirlo, conectándose con el "campo de fuerza" de Dios y convirtiéndose en conductores de energía para los demás. Debemos aprender a través de nuestro estado quebrantado a abrirnos a esta fuente divina de energía, que es la oración. Si seguimos adelante, no con nuestras propias fuerzas, sino a través de lo divino en la oración, podemos sanarnos. 2 Corintios 12:10 dice: *"Cuando soy débil, entonces soy fuerte"*. Darnos cuenta en nuestra lucha de que el poder de Dios puede tener el poder real con la gracia sanadora de Dios.

A veces necesitamos renunciar a las formas del pasado en favor de la función actual del Espíritu Santo, o para acomodarnos a los nuevos propósitos de Dios. Dios siempre parece estar interesado en lo que está en nuestras manos aunque estemos destrozados. María, ¿qué hay en tus manos? Una caja de alabastro con ungüento. Ella lo rompió, lo abrió y arrojó los pedazos a los pies de Jesús, y ahora, desde hace dos mil años, lo olimos en el aire. Eso es lo que la liberación y el abandono hicieron por ella. Fue un recuerdo duradero de la muerte de Jesús en la cruz.

En nuestro estado quebrantado, ¿qué pasaría si experimentáramos la oración como algo más que principalmente una obligación de adorar, ya sea en comunidad o en privado? ¿Qué pasaría si abandonáramos la idea de la oración como un deseo de establecer contacto con la deidad para pedir perdón, curación o cosas? ¿Qué pasa si en nuestro estado quebrantado lo vemos más bien como el medio para conectarnos con Aquel que creó esos deseos internos que fueron colocados en nuestros corazones? ¿Y si la oración fuera un pensamiento continuo por la realidad que nos abraza? ¿Qué pasaría si la oración fluyera en nosotros tanto como la sangre fluye por nuestras venas? Si acercáramos la oración con un constante sí a la vida y al amor –'una perpetua afirmación y entrega'–, no con cualquier cosa que hagamos, sino con todo lo que somos, la curación se produciría. Cuando ores, permite que la realidad del amor incondicional de Dios te abrace. Deja que tu memoria te lleve de vuelta a una época en la que veías a Dios como un padre bueno y amoroso, como alguien que te aprecia incondicionalmente, como alguien para quien eres sumamente importante. Cuando ores a Dios, míralo como alguien que conoce tus necesidades, te protege en tu vulnerabilidad y te desea sólo el bien, incluso en tu quebrantamiento.

Dios te ha dado vida. Dios os tranquiliza con infinita ternura, os escucha con infinita paciencia y os tiende la mano en cada momento de vuestros momentos de inactividad. La oración requiere una confianza infantil que debe crecer cada día. Es algo que hay que trabajar día a día.

Oración de compromiso

Pastora Claudina Benjamín

CAPÍTULO 5

Dios te validará a través de tu quebrantamiento

Cuando considero cómo Dios valida a través del quebrantamiento, mi mente va directamente a Job. La Biblia nos da una idea de su lucha mientras la vivió. Satanás desafió a Dios en cuanto a la validez de la fe de Job. Acusó a Job de creer sólo por las bendiciones que esa creencia traía. Dios conocía a Job y estaba dispuesto a confiar en él para enfrentar la prueba del quebrantamiento.

La mayoría de nosotros probablemente preferiríamos menos confianza de parte de Dios y más tranquilidad en nuestro estilo de vida, especialmente si pensáramos que Su confianza podría introducirnos en la batalla cósmica entre el bien y el mal. Es importante que entendamos que cada persona es inmensamente significativa y que lo que permitimos que Dios haga en nosotros afecta no sólo nuestra propia historia, sino incluso la eternidad. Las dos primeras pérdidas de Job fueron sus posesiones y sus hijos. Al enfrentar esas pérdidas, Job se levantó, rasgó su manto y se afeitó la cabeza. Luego cayó al suelo en adoración y dijo: "Desnudo salí del vientre de mi madre, y desnudo partiré" (Job 1:21). Rasgarse el abrigo y afeitarse la cabeza eran expresiones de enorme dolor. Caerse al suelo y adorar a Dios reveló una fe increíble en el Dios que había llegado a conocer. Considere la respuesta de Job. ¿Puede Dios confiar en ti en tu estado quebrantado?

La batalla cósmica continuó mientras Job estaba afligido y experimentaba quebrantamiento físico, mientras su cuerpo se llenaba de llagas desde los pies hasta la coronilla. Por frustración, su esposa dijo que maldijera a Dios y muriera. En medio de todo esto, los amigos bien intencionados de Job vinieron a consolarlo, pero en lugar de consolarlo, terminaron acusándolo de traerse la desgracia sobre sí mismo. Desde sus perspectivas limitadas, creían que todo sufrimiento se debe al pecado personal de cada uno, pero estaban equivocados. A los amigos de Job les resultó más fácil criticarlo y juzgarlo que comprenderlo y amarlo. Al igual que hoy, incluso en nuestro estado de quebrantamiento, nuestros amigos e incluso los hermanos de la iglesia tienden a causar que nos quebrantemos aún más con sus reacciones ante el estado en el que nos encontramos.

Job se desanimó y se deprimió mientras le hablaban. La depresión suele venir acompañada de dolor físico y emocional. Su agonía fue tan severa que deseó no haber nacido nunca. En ese momento de quebrantamiento, la no existencia le parecía mejor que la existencia, si existir significaba sufrir en la magnitud que era. Necesitamos recordar que confiar en Dios no elimina nuestra humanidad. Es muy duro cuando familiares y amigos se vuelven contra nosotros. Bueno, mira la vida de Job y reconoce que en tu quebrantamiento Dios te está validando a través del proceso. No te rindas.

Al reflexionar sobre la vida de Job, puedo ver cómo le hice muchas de las mismas preguntas que él le hizo a Dios. Luché con la pérdida de significado y luché contra los sentimientos de querer que me dejaran sola debido a que sentía que no tenía significado, ni paz, ni tranquilidad, ni descanso, solo confusión. Le pregunté a Dios qué hice para merecer tanto dolor. Reevalué las personas y las amistades en mi vida y luché contra los sentimientos de haber sido decepcionado por ellos. Me encontré preguntándome en quién podía confiar realmente. Todos parecían tan poco confiables a veces.

El sueño es una parte tan integral de nuestra salud y bienestar. Imagínese lo difícil que sería la vida si no pudiera dormir. Supongo que incluso mientras lees esto, algunos de los lectores pueden haber tenido sus propias luchas mientras atravesaban su quebrantamiento. Job pensó: *'Cuando me acuesto pienso cuánto tiempo antes de levantarme, la noche se prolonga hasta el amanecer.'* Entonces, por otro lado, *'Mis días son más rápidos que un corredor; ellos vuelan.'* Job experimentó una pérdida total de alegría mientras luchaba por superar sus problemas; Se volvió difícil disfrutar de algo. Job se convirtió en el hazmerreír entre sus amigos y perdió estatus. Estaba destrozado, destrozado y perdiendo la esperanza. Fue incomprendido y ridiculizado. Sus amigos eran consoladores miserables y me pregunto si estábamos en su lugar. Qué haríamos. La pérdida de apoyo tuvo un gran impacto en Job, y en Job 19:14 dice *"Mis parientes se han ido, mis amigos se han olvidado de mí"*. Job sintió que no podía encontrar a Dios...*Si tan sólo supiera dónde encontrarlo. Pero si voy hacia el este, él no está. Si voy al oeste, no lo encuentro"*. Dios no ha abandonado a Job, ni a ninguno de nosotros mientras atravesamos los momentos difíciles de nuestras vidas. Pero Dios nos confía las pruebas más severas.

Job era humano. Se quejó, se desesperó, pero aún en medio de todo gritó: *"Aunque él me mate, en él confiaré"*. Esa es la fe auténtica, la que trasciende el dolor o el placer del momento y nos permite conocer a Dios íntimamente. La respuesta de Dios a la pregunta de Job sobre por qué fue de naturaleza abstracta y conceptual. Su respuesta no fue sencilla, pero le reveló a Dios a Job.

Cualquiera que nunca haya experimentado la incomprensible grandeza de la presencia de Dios en medio de circunstancias terribles podría preguntarse cómo podría ser ésta una respuesta. Job descubrió que su encuentro con Dios, durante su tiempo de quebrantamiento, era infinitamente más valioso que que le explicaran su trauma. Salir sabiendo que podemos confiar en el carácter de Dios más allá de lo que podemos entender, y que Él está con nosotros incluso en nuestro sufrimiento, trae más esperanza que cualquier explicación. Lo que Job vio cuando Dios se reveló no fue una imagen física sino más bien la grandeza y el amor del Dios infinito y personal manifestado en Sus poderosos actos de creación. Job 42:3-4 declara: *"Seguramente hablé de cosas que no entendía, cosas demasiado maravillosas para saberlas, mis oídos habían oído de ti pero ahora mis ojos te han visto"*. Hay buenas noticias para usted si se encuentra luchando contra el quebrantamiento, ya sea por motivos personales o por algún dilema catastrófico. En tu estado quebrantado, reafirma ese compromiso y pídele a Dios que calme tu espíritu y que comience de cualquier manera que Él elija para darse a conocer en el área en la que más lo necesitas.

Siempre nos parece que la presencia de problemas significa la ausencia de Dios, y la presencia de Dios seguramente debe significar la ausencia de problemas. Este no es el caso. Dios está con nosotros, pero su presencia no inhibe nuestra libertad, ni nos aleja de todo el sufrimiento común a la humanidad. Podemos estar agradecidos de que la protección de Dios nos evita experimentar muchas cosas que podrían salir mal, aunque Él elige no librarnos de todo. Debemos confiar en Dios lo suficiente como para decir la verdad absoluta que surge desde lo más profundo de nuestro ser. Sólo al hacerlo podremos abrir la puerta para que entre Su gracia sanadora.

Las Escrituras nos animan a dar a conocer nuestras necesidades al Señor. No estéis afanosos por nada, sino en todo, incluso en vuestro quebrantamiento, con oración y petición, con acción de gracias, presentad vuestra petición a Dios (Filipenses 4). Hablar desde lo más profundo de nuestro ser a Dios acerca de nuestras necesidades y escucharlo a través de las Escrituras y de nuestras experiencias con Él puede ser la vía por la cual Él nos brinde recursos suficientes para enfrentar nuestra situación. Debemos recordar que incluso en nuestras peores circunstancias el amor de Dios por nosotros es real. Debemos aceptar la realidad de que no todo va a salir como queremos. Sin embargo, tenemos una promesa importante a la que podemos aferrarnos: Romanos 8:28: *"Y sabemos que Dios dispone todas las cosas para el bien de los que le aman, los que han sido llamados conforme a su propósito..*." La promesa no es que todo lo que nos suceda será bueno, en sí mismo, sino que Dios está obrando incluso en nuestras circunstancias más desfavorables para sacar el bien de ellas y validarnos.

Sin esta esperanza, grande sería el desperdicio de gran parte de la experiencia humana. Puede llevar mucho tiempo reconocer el resultado positivo de una situación devastadora, pero sepa que, con el tiempo, Dios lo usará para validarnos. En medio de nuestra lucha, cuando nada parece funcionar para brindar alivio, muchos experimentarán cierto grado de depresión. Llega cuando existe la sensación de que no queda nada por hacer que marque la diferencia. El no haber podido encontrar remedio a esta intolerable situación abre la puerta a la entrada de la desesperación. Cuanto más intenso y grave sea el problema irresoluble, mayor será la posibilidad de desaliento. En medio de nuestros tiempos difíciles, debemos aferrarnos a las palabras de Dios, *"Ser **quieto y sabe que yo soy Dios en todas tus circunstancias**."* Debemos recordar el cuidado de Dios por nosotros en el pasado, y eso nos dará la seguridad necesaria de que podemos confiar en Dios en nuestra situación actual.

Hombres y mujeres de fe a lo largo de los tiempos han encontrado consuelo y valor para seguir recordando la fidelidad de Dios hacia ellos. 'Lo profundo llama a lo profundo' a salir del misterio de la vida, y aquellos que han respondido a ese llamado por la fe han cambiado el curso de la historia. Incluso en nuestro quebrantamiento, Dios nos ha dado una promesa increíble con la que podemos contar, incluso si nuestros sentimientos traicionan nuestra fe en este momento. *"Dios sigue siendo fiel; Él no permitirá que seáis tentados más allá de lo que podáis soportar. Pero cuando sois tentados, Él también os dará una salida para que podáis soportarla"*. (1 Corintios 10:13). El camino de la desesperación a la fe puede ser a veces largo y difícil, pero no es necesario que lo hagamos solos. Podemos encontrar consuelo en el Salmo 23:4, *"Aunque ande en valle de sombra de muerte, no temeré mal alguno, por ti y conmigo; tu vara y tu cayado me consuelan"*. Dios es nuestro Pastor y siempre está con nosotros, así que encuentre consuelo sabiendo que nunca está solo.

Oración de compromiso

Roto pero no destruido

CAPÍTULO 6
El poder de la descarga

Hebreos 12:1-2 dice, *"Por tanto, puesto que también nosotros estamos rodeados de tan grande nube de testigos, despojémonos de todo peso y del pecado que nos asedia, y corramos con paciencia la carrera que tenemos por delante, puestos los ojos en Jesús. el autor y consumador de nuestra fe; quien por el gozo puesto delante de él sufrió la cruz, menospreciando el oprobio, y se sentó a la diestra del trono de Dios".*

Aprender a liberarse del peso adicional que lo mantiene destrozado es un paso necesario en el proceso de curación. Satanás hace todo lo que puede para sobrecargarte y mantenerte quebrantado para que no puedas ser reparado. Dios quiere que nos deshagamos de todo lo que Él nunca nos dio en primer lugar. Dios nos promete que no nos dará más de lo que podemos soportar. La vida está llena de contradicciones y complejidades, pero hay dos tipos de "peso" que nos destrozan. El primer peso es el que viene de las circunstancias de la vida y de otras personas. El segundo peso es el que acumulamos sobre nosotros mismos. A menudo no consideramos que saber cómo descargar requerirá que comprendamos cómo adquirimos el peso en primer lugar. Sin darse el tiempo para cavar, probablemente no terminará teniendo mucho éxito en el proceso de descarga.

Roto pero no destruido

Muchas veces no podemos controlar lo que nos sucede en la vida. Suceden circunstancias que están fuera de nuestro control y, a veces, estas situaciones no son buenas: ser traicionado por un ser querido, ser decepcionado por un amigo, tener una tragedia en nuestra vida. La realidad de la vida que a menudo puede causarnos miedo es que nunca sabemos lo que nos deparará la vida. Habrá altibajos y, lamentablemente, habrá altibajos. No siempre podemos predecir cuáles serán esas caídas, pero a pesar de que sabemos que vendrán días malos, aún podemos destrozarnos cuando las experimentamos.

Por más difícil que pueda ser lidiar con las acciones de otra persona, o con una situación fuera de tu control que trae consigo un gran peso, ¿qué tan difícil es lidiar con las consecuencias de una decisión que nosotros mismos hemos tomado? Quizás nos advirtieron que no hiciéramos esto, aquello o lo otro, o quizás tuvimos el presentimiento de que tal vez el resultado de nuestras acciones podría no ser tan bueno. Es posible que la situación en la que te has encontrado y que te ha roto sea el resultado de pura ignorancia de tu parte. Quizás fuiste ingenuo o fue un error inocente; esos errores a menudo pueden ser algunos de los más difíciles de aceptar. En su mayor parte, cuando consideramos el peso que nos hemos puesto a nosotros mismos, se refiere a cosas que hemos hecho o en las que nos hemos involucrado a sabiendas y que están mal, y sabíamos que estaban mal o eran pecaminosas, pero a pesar de nuestro conocimiento. , los hicimos de todos modos. "Deja la precaución al viento", una declaración que he escuchado muchas veces antes. En el momento se siente bien, pero una vez terminada la emoción y el disfrute, el costo del dolor supera con creces el placer momentáneo.

Aprender a descargar es un proceso poderoso. Puede salvarlo de años de angustia, dolor y sufrimiento adicionales. La pregunta es: ¿Estás listo para soltar el doloroso peso que te ha estado agobiando? A veces nos sentimos cómodos con el dolor que trae nuestro quebrantamiento. Aunque sea angustioso, desarrollamos un nivel de comodidad con algo que debería resultarnos incómodo. Cristo dijo que vino para que tengamos vida y la tengamos en abundancia. Si consideramos la idea de lo que es la "vida abundante", ¿vemos a una persona agobiada por pesos pesados? ¿Pesos del pasado, viejas heridas propias y de los demás? No, no creo que Cristo se estuviera refiriendo a eso. Cristo tiene la solución a nuestro quebrantamiento, sin embargo primero debemos tener un corazón que esté dispuesto a dejarse llevar y descargar.

¿Cómo se descarga? Entregas tus cargas al Señor. Pon a Cristo delante de ti y aguanta. Recuerda a Cristo al enfrentar las contradicciones y los desafíos de la vida. Esta es la manera de perseverar y no cansarnos ni desanimarnos. La Biblia dice que cuando Jesús soportó la cruz, lo hizo *"por el gozo puesto delante de él"* (Hebreos 12:2). Su alegría fue doble. Anticipó el conocimiento de agradar a Su padre y anticipó el gozo de ver a millones de personas perdidas entrar al Reino de Dios.

Cristo es nuestra respuesta. Hay una canción de Andrae Crouch que dice: *"Jesús es la respuesta para el mundo de hoy. Por encima de*

Él no hay otro. Jesús es el camino". Jesús es nuestra solución para la descarga. Cuando descargamos, debemos hacerlo y entregarle nuestras cargas. A menudo no nos damos cuenta de que nuestro Padre Celestial no se angustia por las cosas que nos preocupan. Nuestro Padre sabe que cuando nos destrozamos, Él es quien puede recomponernos. A veces no es hasta que nos quebrantamos que estamos dispuestos a entregarnos completamente a Dios.

La frustración por cosas que no comprendes llega rápidamente para destruirte y derrumbarte. Servimos a un Dios que hace que los mundos existan con una sola orden. No hay nada demasiado difícil de manejar para Dios. Sé que a menudo nos metemos en situaciones que parecen demasiado complejas de manejar, pero nada es demasiado complejo para Dios. Si te tranquilizas y reconoces que has llegado al final de tu cuerda, y le pides a Dios que te alivie de tus pesos pesados: tu dolor, tu angustia, tu frustración, tus heridas, tus errores, tus pasos en falso, todos los Cosas que te pesan: servimos a un Dios fiel y Él está dispuesto a recibir todo lo que le pidas. Es tan simple como decir: "Señor, ayúdame". Y Su respuesta siempre será: "Sí".

Deja a un lado todo lo que te destruye

Es la manera bíblica de despojarnos de todo peso y del pecado que tan fácilmente nos atrapa (Hebreos 12:1). Dios nos ordena que nos deshagamos del peso que se interpone en nuestro camino y que nos prepara para fracasar nuevamente. Él no te pide que hagas algo que te sea imposible de hacer. Dale el peso y permítele ayudarte en tu camino hacia la curación. Aprender a descargar requiere volverse muy real consigo mismo y con Dios. Esto significa que debes admitir dónde estás luchando. Puede que te lleve tiempo evaluar algunas situaciones, pero a menudo sabes exactamente cuál es la lucha una vez que llegas a tu verdadero yo, te quitas la máscara de la perfección y dejas de lado los pesos que sabes que te agobian.

A veces, las pesas que llevas en realidad no te rompen, pero sí te frenan. El enemigo siempre se conformará con lo segundo, así que si no puede doblegarte, se conformará con derribarte, pieza por pieza, ralentizándote, interponiéndose en tu camino, permitiéndote sentirte desanimado y estancado. Si no puede derribarte por completo, entonces la mejor opción es derribarte lentamente. Si puede derribarte lo suficiente como para hacerte abandonar la carrera en lugar de correr en ella, entonces habrá obtenido al menos una victoria parcial.

Cuando las mentiras que otros dicen sobre ti aparecen para hacerte pedazos, concéntrate en Dios y descarga tu situación a Su cuidado. 1 Pedro 5:7 dice: *"Echa todas tus preocupaciones sobre Él, porque Él cuida de ti."* "Dios permite que ciertas cosas entren en nuestras vidas con un propósito divino. Todo lo que Él permite en nuestras vidas es para nuestro bien. Jeremías 29:11 dice: *"Porque yo sé los pensamientos que tengo acerca de vosotros, dice el Señor, pensamientos de paz y no de mal, para daros un futuro y una esperanza"*. Él nos permite pasar por cosas difíciles, o enfrentar desafíos que no son para destruirnos sino que son valles que debemos recorrer con el Señor a nuestro lado.

Aprender a equilibrar las prioridades es fundamental si queremos descargar con éxito. Algunos de nosotros tendemos a consumirnos con la obra de Dios mientras en realidad descuidamos nuestra relación con Él. Estamos tan ocupados haciendo las cosas de Dios que nos sacrificamos y nos alejamos de Él. Sin duda, esto conducirá a que nos rompamos en pedazos, lo que luego nos llevará a no serle útiles. La Biblia nos dice que Jesús "se apartó para descansar" o se alejó de la multitud para estar solo, por lo que nos ha modelado cómo priorizar y garantizar que vivamos una vida equilibrada.

Cambia tu quebrantamiento por el poder de correr la carrera

Podemos estar seguros de que la presión llegará en momentos que amenazarán con hacernos pedazos, pero siempre nos enfrentamos a la misma elección: ¿presión o prioridades? Nunca llegarás a una dimensión superior con el poder de Dios hasta que aprendas a priorizar. Muchas cosas en la vida surgirán para disuadirte de alcanzar tus objetivos o ralentizar tu progreso, pero debes mantenerte fijo en tu objetivo. No permitas que te desvíen o te descarrilen de tu misión. He escuchado decir que 'el termómetro de Dios permanece fijo', esto significa que Dios no cambia según las circunstancias o situaciones, por lo que nosotros también tenemos la fuerza que necesitamos para mantenernos firmes cuando estamos bajo presión. *"Dios es el mismo ayer hoy y por los siglos"* (Hebreos 3:8).

La receta de Dios para la salud en tiempos buenos y difíciles no ha cambiado. *"Exhorto, pues, ante todo, a que se hagan rogativas, oraciones, peticiones y acciones de gracias por todos los hombres"* (1 Timoteo 2:1, NVI). ¿Has notado que cada vez que te propones hacer algo para el Señor parece que el enemigo envía algo a tu vida para tratar de romperte en pedazos? Debemos recordar que si el enemigo no nos atrapa por un lado, intentará por otro. Si te sientes agotado y en cortocircuito, como si tu batería se hubiera agotado, entonces prueba el poder que viene de Dios. Sólo Él tiene la fórmula para volver a unir todas las piezas.

Esta fuente que tenemos en Dios es un poder que nunca se agotará. El mundo entero está bebiendo de esta fuente y todavía Él no ha perdido ningún poder. A veces, en este camino de la vida, Dios puede despojarte de todo. Lo hace para permitirte ver y comprender tu total dependencia de Él. Con el despojo y la renuncia viene el poder. A medida que Él te llene con Su poder, comenzarás a ver cómo se unen los pedazos en los que has sido partido.

Oración de compromiso

Pastora Claudina Benjamín

CAPÍTULO 7
El poder de la aceptación

Acepta el estado destrozado en el que te encuentras

En Filipenses 4:11-12 leemos, *"No es que hable con respecto a la necesidad: porque he aprendido a contentarme con ello, sea cual sea el estado en que me encuentre. Sé estar humillado y sé tener abundancia: en todas partes y en todas las cosas estoy enseñado, así a estar saciado como a tener hambre, así a tener abundancia como a padecer necesidad. Todo lo puedo en Cristo que me fortalece".*

Ser capaz de encontrar aceptación en los momentos difíciles de la vida es uno de los regalos más profundos que Dios nos ha dado como seres humanos. Con una disposición proclive a la rebelión y una atracción insaciable por la vida fácil, nuestra reacción normal ante situaciones difíciles es gritar. Queremos alivio interior o, mejor aún, ni siquiera la posibilidad de sentir dolor. El dolor y el miedo a perder el control son muy grandes para todos nosotros; sin embargo, quitarnos la vida como una forma de eliminar el miedo y evitar el dolor también elimina las posibilidades creativas para tal vez la obra más profunda de Dios en nuestras vidas.

La curación, o al menos la remisión, no es una imposibilidad absoluta. Es posible que hayamos aprendido que nuestra lucha por sobrevivir puede acercarnos a comprender la esencia misma de nuestra existencia. No podemos vivir sin dolor, físico y emocional. Aceptar lo que no podemos cambiar y soltar lo que no podemos conservar son las únicas opciones que tenemos para evitar que la vida encalle. Quizás sientas que después de tu difícil situación todo ha terminado para ti, pero recuerda que el objeto de la fe genuina es el Dios invisible que crea todas las cosas y que vino a nosotros personalmente en Jesucristo. Encomendar activa y apasionadamente toda nuestra vida a Dios en Cristo es la fe bíblica que salva. No seas exigente. Este espíritu puede impedir que la gracia de Dios le permita alcanzar ese consuelo emocional y espiritual llamado aceptación. La fe infantil de la que habló Jesús es la que confía explícitamente en el Padre. Al Padre se le da permiso para hacer las cosas a Su manera y en Su tiempo—*"Sabemos que en todas las cosas Dios hace el bien a los que le aman."* (Romanos 8:28). La aceptación abre el camino para que Su gracia redentora obre este milagro de milagros.

El apóstol Pablo sabía esto muy bien cuando escribió: *"He aprendido a estar contento sean cuales sean las circunstancias, sé lo que es tener necesidad y sé lo que es tener abundancia. He aprendido el secreto de estar contento en cualquier situación, ya sea bien alimentado o hambriento, ya sea viviendo en abundancia o en necesidad."* (Filipenses 4:11-12). Pablo encontró que la gracia de Dios era suficiente en sus luchas y debilidades, y nos anima e inspira esperanza, no sólo por lo que escribió sino también por lo que experimentó. Podemos confiar en ese tipo de testimonio y atrevernos a creer que Dios también será adecuado para nosotros en nuestro quebrantamiento. Grandes son los misterios de la vida en todas las partes de la creación, y mayor aún el misterio de la Gracia. Me encanta reflexionar sobre la vida útil de la mariposa. La mariposa lucha por liberarse del capullo que ahora amenaza la vida que ha protegido. Obliga a los fluidos vitales a entrar en sus alas, fortaleciendo así su cuerpo para el futuro vuelo, un vuelo posible gracias a la lucha. Seguramente el significado que puede surgir de mi lucha supera con creces el de la diminuta mariposa. Al considerar cómo Dios me formó y creó, necesito recordarme a mí mismo que hay mucha belleza en mi lucha y que, al final, yo también saldré aún más fuerte como resultado de lo que he pasado.

La resignación a lo que había percibido como mi destino me dejó irremediablemente derrotado, mientras que la aceptación de la dura realidad que enfrentaba abrió la puerta para que entrara la paz. Sobre todo, he aprendido a aceptar mi estado, sabiendo y aprendiendo que por profundo que sea el abismo, el amor de Dios es aún más profundo. El sufrimiento nos llega a todos en algún momento u otro, pero no tiene por qué ser una agonía sin sentido. En el propósito redentor de Dios, el sufrimiento puede convertirse en una oportunidad para que seamos transformados a medida que nos abrimos a Él en esa circunstancia particular. Todo lo que se requiere de nosotros es estar consciente de nuestra necesidad de Dios y nuestra voluntad de darle el lugar que le corresponde en nuestras vidas.

Mientras luchamos por comprender en cierta medida por qué nos encontramos en una situación particular, será útil recordar las promesas de Dios. Él no nos dejará ni nos desamparará. No podemos poner a Dios en una caja y usarlo como queramos. Por el contrario, debemos estar abiertos a que Él nos enseñe en cada experiencia única. El nivel más obvio de la intervención de Dios en nuestras vidas es el de salvador. El Señor peleó por los israelitas. El Mar Rojo se abrió y ellos escaparon en tierra seca. Cuando los egipcios los persiguieron, las aguas se juntaron y ahogaron a todo el ejército. Nadie más que el Señor podría realizar un rescate como ese. Podemos contar con Él para rescatarnos cuando eso es realmente lo que necesitamos y cuando realmente es para nuestro bien y para el cumplimiento de Su propósito. Podemos orar y esperar que la acción de Dios en nuestras vidas sea un rescate rápido cuando nos sobrevengan tiempos difíciles. No hay absolutamente nada de malo en pedir tal intervención; sin embargo, debemos recordar que Dios puede tener un plan diferente sobre cómo nos liberará. Crea un problema si no reconocemos la obra de Dios en nuestra situación cuando no es un acto abierto de liberación. Si bien a veces es un desafío, te animo a seguir el tiempo de Dios mientras aceptas dónde te encuentras.

Los hijos de Israel esperaban un viaje fácil a la tierra que manaba leche y miel cuando siguieron a Moisés fuera de Egipto y a través del Mar Rojo. Cuando llegaron al desierto, la arena estaba caliente, los niños lloraban y el agua escaseaba. Naturalmente, asumieron que la presencia de problemas significaba la ausencia de Dios. Ésa parece ser una suposición humana común. Sin embargo, Dios estuvo con ellos en la parte difícil de su viaje de una manera que, en última instancia, sería la más útil. Dios les estaba dando un entrenamiento en el desierto para que pudieran poseer la tierra que les iba a dar. Aunque parecía negligencia por parte de Dios, en realidad era Su amor trabajando para darles la mejor oportunidad de ser realmente "alguien". Un pueblo de fe que podía soportar la disciplina y llegar a ser, como ninguna otra nación, los grandes siervos de la humanidad. Desafortunadamente, nunca comprendieron esa verdad y se negaron a aceptar cualquier otra cosa que no fuera el rescate dramático como forma de intervención de Dios. Su fe nunca creció, y cuando llegó la prueba en el Jordán, después de que los doce espías dieron su informe sobre la Tierra Prometida, fracasaron estrepitosamente. Dios les había dado un milagro tras otro y no tenían motivos para no confiar en Él explícitamente. Esto es lo que sucede cuando no aceptas el proceso. No dejes que esta sea tu historia. Acepte dónde se encuentra y confíe en Dios que Él lo ayudará. Recuerda todos los milagros que Él ha hecho por ti en el pasado. Puede hacerlo de nuevo. Ser paciente.

Reconozco que el miedo es una reacción natural cuando miras todo lo que está roto en tu vida. Eliminar el miedo, mientras se espera en Dios, es imperativo si vas a caminar en victoria después de que termine la tormenta. El miedo te hará cosas terribles. El miedo nos hace subestimar nuestros propios recursos y dudar del poder de Dios. Las batallas más grandes que jamás libraremos son aquellas dentro de nosotros mismos, cuando la presión aumenta y nos vemos tentados a tomar el asunto en nuestras propias manos y tratar de hacer las cosas sin Dios. No toma mucho tiempo intentar hacerlo por nuestra cuenta antes de que recordemos cuánto necesitamos desesperadamente abrirnos a Él para obtener la fuerza que solo Él puede darnos.

Ayúdese a sí mismo en el proceso de aceptación preguntándose: "¿Qué necesito en este momento?" Si lo que esperamos de Dios en medio de nuestras dificultades es significado, propósito, fuerza, carácter, amor o grandeza, entonces, en última instancia, no seremos decepcionados. Él también viene a ayudarnos, pero como Aquel que ve el fin desde el principio, Aquel que tiene la eternidad incorporada en Su perspectiva. Mientras estamos en nuestro estado de aceptación, Dios espera que colaboremos con Él. Es decir, Él nos incluye como participantes con Él en el proceso milagroso de satisfacer nuestras necesidades, pero de tal manera que nos brinde las máximas oportunidades para desarrollar una gran fortaleza de carácter. En este nivel, Él no lo hace por nosotros sino con nosotros. Él simplemente trabaja con nosotros para que podamos ayudar a cambiar las circunstancias por nosotros mismos, porque de ninguna otra manera podemos llegar a un grado significativo de madurez.

Cuando se colabora con Dios, Él no sólo se revela, sino que también hace algo grande en las personas que arriesgan con Él. Eso está más acorde con la naturaleza de Dios y Su propósito. Hay una promesa que Dios hizo: "Andarán y no desmayarán" (Isaías 40:31). Estoy seguro de que a quienes trabajan para los espectadores esto les puede parecer realmente insignificante. ¿Quién quiere que lo detengan para caminar? Arrastrarse, centímetro a centímetro, apenas por encima del umbral de la conciencia y sin desmayarse. Puede que no parezca una gran experiencia religiosa, pero si has estado en este lugar oscuro como yo, es la única forma de promesa que se adapta a la situación. A veces me sentí impotente frente a mis luchas y sufrimiento. Sólo si hubiera habido algo que pudiera haber hecho para cambiar las cosas de manera tangible, habría sido más fácil, pero no lo hubo. Me dieron fuerzas para "caminar y no desmayar". Mientras estaba en esta situación, no tenía alas para volar, no me desmayé. Gracias a Dios por su fuerza. No estallé en la ira de la presunción, ni me desplomé en la parálisis de la desesperación. Caminaba aceptando dónde estaba y sin desmayar, aguantando, soportando con paciencia lo que no podía cambiar pero tenía que soportar en mi quebrantamiento. Me encanta este pasaje de las Escrituras:

"Dios es nuestro refugio y fortaleza, una ayuda muy presente en los problemas. Por tanto, no temeremos, aunque la tierra sea removida, y aunque los montes sean arrastrados al medio del mar; Aunque sus aguas bramen y se turben, aunque los montes tiemblen con su hinchazón. Hay un río cuyas corrientes alegrarán la ciudad de Dios, el lugar santo de las tiendas del Altísimo. Dios está en medio de ella; ella no será conmovida: Dios la ayudará, y eso desde temprano. Las naciones se enfurecieron, los reinos se conmovieron: él pronunció su voz, la tierra se derritió. El Señor de los ejércitos está con nosotros; el Dios de Jacob es nuestro refugio". (Salmo 46:1-7)

Dios siempre está con nosotros y nos ayuda, pero la forma en que nos ayuda en una situación determinada la debemos descubrir a medida que avanzamos con Él a través de las sombras hacia la luz de Su amor y gracia.

Aceptación y espera

Esperar es una frustración para la mayoría de nosotros cuando estamos destrozados. Ya sea sentado en el tráfico o haciendo cola en el banco, puede resultar muy irritante en nuestras ocupadas vidas. Todos tenemos una agenda y cualquier retraso parece un desperdicio. Sin embargo, hay beneficios que se pueden encontrar al esperar. Junto al sufrimiento, puede ser uno de los mejores maestros de madurez y actitud. Rompe la ilusión de que podemos controlar la vida. Nos obliga a aceptar un calendario contrario a nuestros deseos; nos enseña paciencia y humildad. Lo mejor es que nos familiariza con Dios, a través de su aparente ausencia, enseñándonos la fe. *"Ahora bien, la fe es la certeza de lo que se espera, la convicción de lo que no se ve" (Hebreos 11:1).*

Estad quietos y sabed que Él es Dios. Enfrentar mi miedo, mientras acepto y espero, me ha enseñado que soy dueño de mis miedos, mis miedos no me pertenecen a mí. El miedo, quizás más que cualquier otra emoción, es algo que resistimos y rechazamos, porque el miedo es muy incómodo. Podemos tratar de distraernos de innumerables maneras, pero no podemos orar para que desaparezca; tenemos que afrontarlo. Podemos usar nuestra mente para recordarnos que el miedo es sólo una emoción y que no rige nuestras vidas. El miedo simplemente necesita ser sentido y escuchado mientras fluye a través de nosotros. Si corremos, y a menudo esa es nuestra primera respuesta, el poder del miedo sólo se hace más grande, como nuestras sombras en una tarde soleada de verano. Podemos optar por dejar de correr y recurrir a Dios en busca de consuelo y apoyo mientras enfrentamos, sentimos, asumimos y nos hacemos amigos de nuestros miedos. A medida que nos abrimos al amor incondicional y lleno de gracia de Dios, recibimos la gracia y la autoaceptación necesarias para recuperarnos más rápidamente de nuestros inevitables momentos rotos en la vida. Elijo aprender del dolor de este momento roto, hacer las paces y volver a intentarlo. No dejes que ese momento roto te defina.

Hay tantos tipos diferentes de cosas a las que tememos en esta vida. Miedo al dolor, miedo a que esta situación altere nuestra vida drásticamente y nada vuelva a ser igual, miedo a que no seamos capaces de afrontar la situación o aceptarla, miedo al fracaso, miedo a perder el control y volvernos dependientes de otros, miedo a perder el respeto por uno mismo o por los demás, o miedo a perder nuestro lugar, nuestro poder o nuestro valor.

Los sentimientos dolorosos pueden ser difíciles de aceptar y expresar de manera saludable. Muchas veces nos encontramos resistiendo o reprimiendo sentimientos, como el miedo o la ira, cuando lo ideal es potenciar nuestros sentimientos dolorosos. Metas más realistas podrían ser aceptarlos como parte del ser humano y fluir con sus idas y venidas. Como está escrito, *"¿Quién nos separará del amor de Cristo? ¿Tribulación, o angustia, o persecución, o hambre, o desnudez, o peligro, o espada? Como está escrito: Por tu causa somos muertos todo el día; somos contados como ovejas para el matadero. Es más, en todas estas cosas somos más que vencedores por medio de aquel que nos amó. Porque estoy seguro de que ni la muerte, ni la vida, ni ángeles, ni principados, ni potestades, ni lo presente, ni lo por venir, ni lo alto, ni lo profundo, ni ninguna otra criatura podrá separarnos del amor. de Dios, que es en Cristo Jesús Señor nuestro"* (Romanos 8:35-39). Esto lo recuerdo constantemente cada día mientras atravieso los muchos desafíos de la vida. Agradecida por este 'posicionamiento' y honrada de ser una mujer elegida de Dios. Surgió el quebrantamiento, tremendas tragedias desarraigaron mi ser, la falta de vivienda nos sobrevino a mí y a mi familia, desde la riqueza hasta la modestia, las muchas peleas de las personas más cercanas a mí, las traiciones, las murmuraciones e incluso mi intento de reunir fuerzas para reconstruir la iglesia fue Me reuní con los detractores, los escépticos, creyendo que no podría haberlo hecho. Por la gracia de Dios, he llegado a verlo cambiar cada circunstancia para mi bien. La Palabra de Dios fue clara respecto a sus planes a nuestro alrededor. Cuando los hijos de Israel estaban siendo perseguidos por su fe en Dios y no tenían a quién acudir, invocaron al Señor, preguntándole hasta cuándo los iba a hacer sufrir a manos de los que habitaban la tierra. Su respuesta a ellos fue que esperaran un tiempo hasta que se cumpliera Su propósito en sus vidas.

Cuando el Señor nos hace pasar por muchas luchas, situaciones de vida o muerte, Él ya conoce el resultado. Él simplemente nos está preparando para poder enfrentar las situaciones que están por venir. Él está construyendo al siervo que podrá remodelar las vidas de tantas personas en su estado de desorden y quebrantamiento. Muchas veces al calor de nuestras tragedias, cuando la roca es nuestro lugar duro, nuestro único lugar, olvidamos incluso las promesas de Dios. Muchas veces nos enfrentamos a situaciones que ocurren tan repentinamente que olvidamos Sus promesas para nosotros. Pueden venir situaciones de muerte y de gran peligro, y abrimos la boca para orar y no sale nada de ello. Pero incluso para estas situaciones el Señor tiene una solución. En Romanos 8:26 nos enseña que *"El espíritu también ayuda en nuestras debilidades; porque no sabemos qué hemos de pedir como conviene, pero el Espíritu mismo intercede por nosotros con gemidos indecibles"*. Debo estar de acuerdo en que el Espíritu Santo se convirtió en el alfarero que defendió mi causa y volvió a unir los restos de lo que quedaba de mi ser. Sin duda, esto se convirtió en la fuerza que me ha impulsado a este posicionamiento. Surgió el renacimiento de una nueva Claudina. Nueva vida, nueva familia, nuevo hogar, nueva familia eclesial, nuevos conocimientos desarrollados y aquí estoy disfrutando del gozo de mi salvación. ¡Qué vida tan maravillosa! El compositor dice: "Si no hubiera un cielo que ganar, prefiero seguir viviendo la vida cristiana, porque mi única esperanza es vivir en el dulce cielo".

Cuando estás en el mundo y te enfrentas a muchos desafíos, nada parece funcionar para ti, has probado casi todos los métodos pecaminosos como medio para salir adelante, simplemente estás tratando de sobrevivir, pagar tus cuentas, lo que sea. pero aún así no puedes superar los terrenos escarpados que la vida te depara. Miras a amigos y familiares, pero incluso ellos tienen situaciones similares con las que lidiar. Por un momento parece como si todos estuvieran en modo defensivo y en un mundo de perros come perros. Entonces te enfrentas a la muerte o a la enfermedad de un ser querido de forma repentina, que te agota hasta el último gramo de fuerzas que te quedaba. No hay nadie para ayudar. Tu situación de pudor queda al descubierto. La muerte y las enfermedades graves que ocurren en una época en la que uno está arruinado provocan el triple de dolor y tristeza en cualquier familia. Lo único que te queda son las cicatrices de estos encuentros. Pero hay esperanza.

De alguna manera escuchas la Palabra de Dios resonando en lo más profundo de tu conciencia; una palabra o una canción que quizás hayas escuchado la última vez que visitaste una iglesia, o una palabra que recordaste cuando estabas en el devocional de una escuela, que por alguna razón no te pareció importante en ese momento pero quedó incrustada en tu memoria. importa dondequiera que vayas. Pero justo esta vez vuelves a tu banco de memoria y empiezas a prestar atención, buscando una respuesta a la situación a la que te enfrentas. Es entonces cuando te das cuenta de que todo el tiempo te dijeron que el Señor es tu única esperanza. Recuerde, está despojado de todos sus ahorros y dignidad, ahora está expuesto. Luego te arrastras hasta la iglesia más cercana para darte prisa y entregarle tu vida. En esta etapa usted está buscando Su liberación, un cambio en sus desgracias, y rápidamente está tratando de salvar su propia alma antes de que los inevitables golpes también llamen a su puerta. El altar llama y le entregas todo.

Has abandonado las luchas y ahora estás reconciliado con Dios. Ese es el primer paso en este posicionamiento. Ahora eres cristiano, estudias la Palabra y haces todo lo que el Maestro requiere de ti. Estás lleno del Espíritu Santo y de autoridad, y con oraciones a Dios las cosas están cambiando y te sientes bien con el cambio. Reúnes a las tropas para que se unan a la comunidad de adoración. En esta etapa de la vida ya no buscas más, pero sin siquiera saberlo, ahora has recibido la autoridad y puedes reclamar todas las cosas que el Señor ha prometido que te daría. La sangre de Dios te ha rescatado, y su amor te envuelve, y nada en el mundo puede dañarte a menos que sea la voluntad del Señor para tu vida. Tus días en esta tierra están contados, y el hombre no tiene el poder de quitarte la vida, a menos que Dios lo permita. En Efesios 6:13 se nos recuerda que debemos tomar toda la armadura de Dios para que podamos resistir en el día malo y, una vez hecho todo, permanecer firmes.

Claudine está bendecida con este posicionamiento. Hoy tengo la bendición de poder construir una iglesia, comenzando con sólo unos pocos miembros hasta un cuerpo que ha crecido hasta casi cuatrocientos y contando. La verdadera prueba de un líder no se mide por los muchos grados que uno puede adquirir, sino por lo bien que puede motivar a un pueblo a adherirse a una causa por su propia voluntad o voluntad, sin ser forzado y permaneciendo firme, incluso en tiempos de gran crisis. angustia. Soy un líder espiritual. El Señor me ha dado la autoridad para edificar Su iglesia, para ayudar a los enfermos y abatidos, para aconsejar a los que están agobiados y cargados.

Cualesquiera que sean las luchas, he sido comisionado con el propósito de cumplir un llamamiento superior. Sobre esta roca (Dios), edificaré mi iglesia y las puertas del infierno nunca podrán prevalecer. Soy fuerte en el Señor y todas estas malas experiencias fueron todas una manifestación del camino que el Señor ha trazado para mí. La batalla no ha terminado, el camino continúa pero, gracias a Dios que da la victoria, he llegado a esta posición. Ahora cada día debo acudir con valentía al Trono de Gracia para obtener misericordia y encontrar gracia para ayudar a otros en momentos de necesidad.

Estoy en un lugar que siempre he soñado. He peleado la batalla y sigo haciendo lo que el Señor requiere de mí, y reclamo prosperidad y crecimiento en el nombre de Jesús. Confío en que mi iglesia seguirá creciendo cada vez más fuerte, y sé que ningún arma que se forme contra mí prosperará.

Oración de compromiso

Pastora Claudina Benjamín

CAPÍTULO 8

El poder del perdón

Abrazar el perdón o el poder del perdón

El perdón puede ser innecesario entre los seres perfectos, pero es vital para aquellos de nosotros que tenemos suficiente sabiduría para admitir que somos imperfectos. Necesitamos el perdón de nuestro Creador sólo para reconciliarnos con Él. Es una tarea difícil para personas tan imperfectas, pero hay una fuente secreta de poder en el perdón para aquellos que tienen ojos para ver y voluntad de obedecer. Una vez que recibimos la costosa porción de Dios en la cruz, debe permanecer en nuestra sangre, nuestro corazón y nuestra forma de vivir. Por eso, el perdón es uno de los frutos que demuestran que somos personas cambiadas. Jesús estaba sufriendo una agonía insoportable en la cruz del Calvario cuando miró hacia el cielo y dijo: *"Padre, perdónalos porque no saben lo que hacen"* (Lucas 23:34). Es a través de Su poder que ahora podemos perdonar a los demás.

El poder del perdón no puede imponerse a quienes no lo desean, ni tampoco puede imponerse, mediante el esfuerzo humano, en el corazón de otra persona. El perdón es producto únicamente del cielo. Cuando Jesús dijo "perdona", los demonios del infierno quedaron atados. Cuando el perdón está presente, el enemigo de nuestra alma tiene que retroceder sin que se le diga una palabra. Tiene las manos atadas y no puede brillar en presencia del perdón. Jesús transformó la vida de María Magdalena, la prostituta, pero aun así ella probablemente deseaba poder deshacer los errores y el dolor de su pasado. Ella no pudo y nosotros tampoco. María enfrentó la misma elección que todos enfrentamos. Podría seguir siendo esclava de la falta de perdón aferrándose a su ira y resentimiento hacia los hombres que abusaron de ella y las personas que la rechazaron, o podría aceptar el perdón de Dios. María eligió tener una nueva vida y os animo a hacer lo mismo a través del perdón. Aprender a perdonar es permitirse la capacidad de comenzar una vida de libertad. No te robes la libertad que podrías tener aferrándote a la falta de perdón.

Cuando el resentimiento surge, lo hace sin siquiera pensarlo. Es prácticamente instantáneo. El perdón, por otro lado, requiere una elección consciente y un esfuerzo de nuestra parte. Nuestro trabajo como cristianos es trabajar constantemente en mantener una buena actitud y un corazón y espíritu puros. Esto es imposible a menos que aprendamos el poder del perdón. Hay poder en el perdón. Perdona las circunstancias y a las personas que no podemos cambiar, incluso los perseguidos deben mentir en un espíritu constante de perdón si quieren ser libres. Cuando Jesucristo viene a nuestras vidas, trae consigo el perdón divino. Él nos equipa con el poder del perdón, pero tenemos que querer caminar en el poder de Su fuerza. El Espíritu Santo está esperando para liberarte si perdonas. No dejes que las excusas de tu carne o las distracciones de tu mente te impidan hacer lo más importante. Sé lo que es tener un millón de excusas: "Me han hecho daño". Perdonar. "La vida me ha jugado una mala pasada". Perdonar. "Me han mentido". Perdonar. "La muerte se ha llevado a un ser querido". Perdonar.

Es importante darse cuenta de que la persona que siempre se ve afectada por la falta de perdón es la víctima. Se ha dicho que albergar falta de perdón es como beber veneno y esperar que la otra persona muera. Llegará un momento en el que tendremos que decidir perdonar y renunciar a nuestra ira y resentimiento. El perdón es una decisión, no un sentimiento. La realidad es que hay que ser muy fuerte para perdonar. El perdón no es un signo de debilidad; Cuando perdonas, siempre eres un ganador. Amar a alguien que te lastimó es una señal de fortaleza. Mateo 6:15 dice, *Pero si no perdonáis a los hombres sus pecados, vuestro Padre no os perdonará a vosotros.* "La falta de perdón impide que seas reparado. Te romperás en muchos más pedazos. Perdona las circunstancias, perdona a las personas, perdónate a ti mismo. Perdona para que el poder de Dios pueda liberarse en tu vida. Le brindará fuerza para ayudarlo a resistir una dura caída, a seguir adelante y esforzarse, incluso a la luz menguante del fracaso de ayer.
Perdonar un error grave puede ser increíblemente difícil y llevar tiempo. Quizás nunca se olvide el mal, pero ese no es el propósito del perdón. Cuando perdonamos, no deseamos pensar en el pasado y el dolor pasará con el tiempo. Por otro lado, si nos negamos a perdonar, el proceso de curación no puede tener lugar. Entonces, albergar resentimiento y amargura nos hará revivir constantemente el horror del

acontecimiento. Podemos pensar que negarnos a perdonar a las personas es nuestra única manera de hacerles pagar por lo que han hecho. Nos ayuda a sentir que tenemos el control y que no los hemos dejado escapar. Es nuestra manera de intentar hacerles daño. Sin embargo, ¿realmente lo logramos? Puedes convencerte de que de alguna manera te estás vengando de tus agresores, pero créeme, al final eres tú quien sufre.

Las Escrituras están llenas de instrucciones para perdonar. Colosenses 3:13, *"Sed bondadosos unos con otros, misericordiosos, perdonándoos unos a otros, como Dios también os perdonó a vosotros en Cristo. Soportados unos a otros y perdonad cualquier agravio que tengáis unos contra otros, perdonad como el Señor os perdonó a vosotros"*. Marcos 11:25, *"Y cuando estéis orando, si tenéis algo contra alguien, perdonadle, para que vuestro Padre que está en el cielo os perdone a vosotros vuestros pecados.*

Recibiremos el perdón de Dios exactamente de la misma manera que ofrecemos perdón a los demás. Si están involucradas fortalezas que protegen viejas heridas, el perdón puede ser muy difícil; sin embargo, perdonar incondicionalmente trae una recompensa increíble que no se puede obtener de ninguna otra manera. La recompensa es la libertad total de responder, reaccionar y reproducir esas viejas heridas que todavía parecen tan vivas. A veces el perdón absorbe toda la vida de esas fortalezas, por eso el perdón es una parte integral de tu libertad. Los tiempos de problemas, dolor, quebrantamiento, ofensas y tener que perdonar no son divertidos, pero si buscas el lado positivo es que estos tiempos no tienen por qué ser sin sentido e improductivos. Romanos

5:3-4 dice: *"Pero también nos gloriamos en las tribulaciones, sabiendo que la tribulación produce paciencia; y paciencia, experiencia; y experiencia, esperanza"*. El perdón debe ser un acto consciente de la voluntad de perdonar deliberadamente a otro individuo. No importa si tus sentimientos han cesado o no. Cuando te niegas a perdonar, te excluyes del perdón. Perdonar y ser perdonado están tan estrechamente entrelazados que simplemente no pueden separarse.

La fortaleza de la falta de perdón puede bloquear toda misericordia y gracia de un corazón que no perdona. Con un corazón que no perdona, la paz y la armonía familiar pueden bloquearse, y la sanación divina puede bloquearse en el cuerpo, el alma y el espíritu. Es un hecho que la profesión médica ha documentado enfermedades causadas por venenos químicos liberados en el cuerpo por la falta de perdón, la amargura, la ira, el resentimiento, la frustración, el miedo y la ansiedad. No hay nada que puedas hacer que reemplace el perdón. Ninguna cantidad de oración y de hablar en lenguas jamás cubrirá, expiará o excusará la falta de perdón. Es un acto de amor y una clave para la libertad. Las fortalezas de amargura y resentimiento son como espinas y cardos que echan una fuerte raíz en tu alma. Una vez establecidos, le quitarán la vida a su proceso mental, a sus pensamientos, a su voluntad, a su motivación y a su determinación de vivir. Las raíces de la amargura causan tormento en tu vela, estableciendo fortalezas que el enemigo puede usar para atormentarte aún más si no eliges perdonar. El perdón niega a nuestra naturaleza carnal cualquier derecho a clamar por lástima, consuelo y cualquier garantía de lo que hemos sufrido unos a manos de otros. Niega nuestro derecho a proteger nuestro dolor, a enfrentarlo y empaquetarlo para que todos lo vean.

El mundo quiere que creamos que debemos ser recompensados por cada error. Nuestra vieja naturaleza lo ama y se apoderará de cualquier validación de cualquier mal que se nos haya hecho en nuestras vidas. La deuda que teníamos con Dios era tan enorme que nadie podía pagarla, excepto Dios mismo, y Él lo hizo, y junto con esa deuda, nos perdonó.

Las recompensas del perdón

Debemos tener el espíritu de altruismo manifestado en nuestras oraciones. Jesús nos enseñó a orar en Lucas 22:42, *"Sin embargo, no se haga mi voluntad, sino la tuya,"* y Mateo 6:10, *"Venga tu Reino, hágase tu voluntad en la tierra como en el cielo.."* Entrega lo que tienes a Él. Dios no busca personas excepcionalmente talentosas, educadas o dotadas. Estas cualidades son ciertamente admirables y beneficiosas, pero no son obligatorias. Lo que Él está buscando son hombres y mujeres que estén dispuestos a entregarle todo lo que tienen.

Moisés nunca se imaginó pasando cuarenta años en un desierto. Cuando Dios le reveló que iba a ser un libertador, estaba listo para "poner el espectáculo en marcha", pero Dios dijo: "Espera. Tengo algo que debes aprender primero". Permanezca en la perfecta voluntad de Dios y espere. El perdón es la máxima expresión del amor ágape.

"El reino de Dios es como un rey que decidió ajustar cuentas con sus siervos. Mientras se ponía en marcha, le llevaron ante él un sirviente que había contraído una deuda de cien mil dólares. No podía pagar, por lo que el rey ordenó que el hombre, junto con su esposa, sus hijos y sus bienes, fueran subastados en el mercado de esclavos. El pobre desgraciado se arrojó a los pies del rey y le suplicó: "Dame una oportunidad y te lo devolveré todo". Conmovido por su súplica, el rey lo dejó en paz, borrando la deuda. Apenas el sirviente salió de la habitación cuando se encontró con uno de sus compañeros que le debía diez dólares. Lo agarró por el cuello y le exigió: "Paga". ¡Ahora!' El pobre desgraciado se arrojó y suplicó: 'Dame una oportunidad y te lo devolveré todo'. Pero no quiso hacerlo. Lo hizo arrestar y encarcelar hasta que se pagara la deuda. Cuando los otros sirvientes vieron esto, se indignaron y llevaron un informe detallado al rey. El rey llamó al hombre y le dijo: "¡Siervo malvado! Te perdoné toda tu deuda cuando me rogaste clemencia. ¿No deberías estar obligado a ser misericordioso con tu consiervo que te pidió misericordia?' El rey se enfureció y apretó al hombre hasta que pagó toda su deuda. Y eso es exactamente lo que mi Padre que está en el cielo va a hacer con cada uno de ustedes que no perdona incondicionalmente a quien pide misericordia".
(Mateo 18 23-35, MSG)

De la misma manera que el rey enojado envió al siervo a prisión, Dios nos tratará de la misma manera si nos negamos a perdonar a nuestros hermanos y hermanas. Es más que simplemente decir y hacer lo "correcto", ya que Dios ve nuestro corazón y puede saber cuándo albergamos falta de perdón. ¿Estás albergando ira y amargura porque alguien ha pecado contra ti? No dejes que te ate a la esclavitud. La falta de perdón conducirá a una agitación emocional interna. El perdón permite que nuestros corazones comiencen a sanar. Si no tienes ganas de perdonar, te recuerdo que el perdón no es una emoción, es una elección personal, y debemos elegir perdonar y seguir perdonando. Cuando continuamos perdonando, cortamos los vínculos con las heridas emocionales y podemos comenzar a sanar. El perdón nos libera de las ataduras del resentimiento y la amargura y nos da libertad y paz.

Al leer este libro, oro para que encuentres la libertad del perdón para que puedas reconciliarte con tus hermanos y hermanas. El perdón es la prueba definitiva del amor ágape. En mi propia vida rota y destrozada, he tenido que aplicar el perdón muchas veces. Cuando me venía a la mente cualquier sentimiento de agravio, rencor o espíritu condenatorio, tenía que aplicar el perdón. Efesios 4:31-32 dice*"Quítense de vosotros toda amargura, y ira, y ira, y clamor, y malas palabras, y toda malicia; y sed bondadosos unos con otros, misericordiosos, perdonándoos unos a otros, como Dios lo hizo en Cristo. perdonado"*.

Por la gracia de Dios he encontrado y sigo encontrando la fuerza para perdonar. He dejado ir el dolor y he perdonado para poder ser libre, y os invito a vosotros, amigos míos, a hacer lo mismo.

Oración de compromiso

Roto pero no destruido

CAPÍTULO 9

Convertirse en una mujer de poder a través de un espíritu triunfante

Con nuestro razonamiento humano, no podemos entender el corazón y la voluntad de Dios, pero cuando tenemos pasión por Él, los ojos de nuestro entendimiento se abren para vislumbrar Sus propósitos gloriosos y eternos. Incluso en nuestro quebrantamiento, si confiamos en Dios, Él nos elevará para ver desde Su perspectiva, y ver cambiará nuestros corazones y mentes hacia Su voluntad. Irrumpir a través de la adversidad en las intenciones de Dios para nuestras vidas siempre produce un espíritu triunfante dentro de nosotros, y de lo que una vez fue quebrantado sale mucho fruto. *"Ahora bien, a Aquel que por el poder que obra dentro de nosotros, puede hacer super abundantemente por dueño y sobre todo lo que pedimos o pensamos. A él sea la gloria en la iglesia y en Cristo Jesús por todas las generaciones por los siglos de los siglos. Amén"* (Efesios 3:20-21).

Las pruebas y pruebas de mi fe fueron silenciosas, indoloras y a veces difíciles; sin embargo, a través de esos años de pruebas, aumenté en sabiduría, comprensión y carácter. Crecí emocional y espiritualmente, ya que los momentos más difíciles y dolorosos de desarrollo y estiramiento produjeron los mayores dones y fortalezas de mi vida. Proverbios 15:8 dice que las oraciones de los rectos son su deleite, lo que significa que Dios escucha la oración de los justos.

El Señor dará autoridad sobre vosotros. Cuando lo haga, tendrás gran poder sobre el maligno. Cuando hables, los ojos ciegos verán, los oídos de los sordos se abrirán y los muertos resucitarán. *"Ciñe tu espada sobre tu muslo, oh todopoderoso, con tu gloria y tu majestad. Y en tu majestad cabalguen prósperamente a causa de la verdad, la mansedumbre y la justicia; y tu diestra te enseñará cosas terribles" (Salmo 45:3-4).* Que podamos llevar Su presencia para mostrar Su gloria mientras Él hace grandes cosas a través de nosotros. Dios está comprometido con nosotros a través de todo nuestro quebrantamiento. Podemos estar seguros de ello. Él está en esta relación con nosotros a largo plazo y quiere que seamos victoriosos en Él. Su fuerza se perfeccionará en nuestra debilidad como leemos en 2 Corintios 12:9.

Incluso si el futuro nos parece incierto ahora, los obstáculos parecen insuperables y las pasiones insatisfechas, no debemos desanimarnos mientras caminamos en obediencia a Su Espíritu interior y decimos: "Aquí estoy, Señor, úsame". Él hará realidad lo que nos ha llamado a hacer. Pero primero Él nos hará un pueblo de auténtica virtud. La integridad personal, la paz en la adversidad, la obediencia de corazón y la voluntad de esperar son lecciones que preceden a cualquier acción de valor duradero.

El plan de Dios, a través de todas nuestras luchas, es hacernos instrumentos para Su gloria, aptos para desempeñar un papel importante en la ganancia de almas. Fue un gran desafío seguir adelante durante momentos difíciles en mi crecimiento personal. A veces, era difícil ver realmente dónde me encontraba en mi viaje, pero a menudo me animaba y, finalmente, podía animarme a mí mismo pensando que las pruebas no durarían para siempre. Otra observación que hice durante mis momentos más difíciles fue que cuando me encontré en un lugar de profundo servicio a los demás, pude ver mejor de dónde me había sacado Dios y me sentí abrumado por la alabanza hacia Él. Permitirme recordar todo lo que Dios ha hecho por mí me hace estar siempre en una postura de gratitud y, al darle las gracias, me preparo para las próximas aventuras que Dios me trae.

Al reflexionar sobre las estaciones de mi vida, puedo ver que las crisis y el quebrantamiento preceden a una gran utilidad y aumentan mi conciencia de Dios. Fui conducido a la Roca, que es Dios, para una total dependencia. Dios ha demostrado ser un Dios fiel. Incluso frente al miedo, vuelvo al lugar de donde Él me sacó. Timoteo 2:1-7 dice: *"Porque Dios no nos dio espíritu de timidez (temor) sino espíritu de amor y de autodisciplina.."* Dios no nos dio un espíritu de timidez o miedo, sino un espíritu de poder en medio de una tormenta y un espíritu de amor, una mente sana y autodisciplina, y en medio de las tormentas de la vida necesitamos recordar y aferrarse a estas verdades. No tienes que perder los sentidos ni sufrir un ataque de nervios ni perder tu lugar en Dios. Tu porción es el poder, el amor y la autodisciplina que controlan tu mente.

Adora a través de tu quebrantamiento

La adoración es una actitud desde lo más íntimo de nuestro ser. La respuesta de Job después de recibir un mensaje de malas noticias tras otro fue natural. De repente fue despojado de sus rebaños, ganado, sirvientes y de todos sus hijos e hijas. Su reacción queda registrada para toda la eternidad. Job se levantó, rasgó su manto y se afeitó la cabeza, y cayó al suelo y adoró. Él dijo: "Desnudo salí del vientre de mi madre, y desnudo volveré". El Señor da y el Señor quitará, pero todos todavía podemos decir: "Bendito sea el nombre del Señor". Es posible que tu quebrantamiento haya sido diseñado para ver cómo responderás.

En Mateo 28:16, los once discípulos se dirigieron a Galilea, al monte que Jesús había designado. Cuando lo vieron, lo adoraron. La adoración no depende de nuestra capacidad de comprender nuestras circunstancias. La adoración es el acto de presentar un corazón indisciplinado a Dios. He pasado por quebrantamiento y, como yo, es posible que tú estés experimentando eso ahora mismo, pero quiero que sepas que el Espíritu de Dios puede ministrar tu quebrantamiento mientras lo adoras.

A veces, cuando estás en un lugar oscuro, sientes que has sido enterrado, pero en realidad has sido plantado, así que sigue regando esa semilla con adoración y crecerás. La adoración genuina y aceptable se demuestra desde un corazón que está dispuesto a decir: "Pase lo que pase, Él es soberano y yo inclino la cabeza y acepto Su perfecta voluntad". Incluso en nuestro estado quebrantado, nuestra adoración es genuina y aceptable cuando humillamos nuestro espíritu a Su Espíritu y nos sometemos a la verdad de Su Palabra. Cuando exaltamos a Aquel que es digno, nada es como antes, ni siquiera las montañas y los valles o los quebrantos siguen siendo los mismos. Nuestras vidas no disminuyen, porque cuando elevamos la gloria de Dios recibimos un gozo que cambia nuestras vidas. Reflejamos esa gloria mientras brilla sobre nosotros y dentro de nosotros. La gloria de Dios es Su fuerza y Su esplendor, nada de lo que soy ni tengo se compara. Quiero reflexionar en Él sin importar lo que esté pasando. La alabanza y la adoración nos traen alegría y también nos sanan totalmente.

La adoración es un lugar de alegría. El propósito final de la adoración no es sólo que tengamos resueltas nuestras situaciones rotas, para sentirnos mejor con nosotros mismos, sino permitir que nuestras experiencias de adoración nos permitan cambiar y llegar a un lugar donde declaramos el poder de Dios y resuene Su presencia en nuestro mundo, no sólo en acción, sino también en hechos. Experimentamos a Dios mientras lo adoramos en el aquí y ahora. Experimentamos el cielo en la Tierra en Su presencia, sin importar en qué estado nos encontremos. La adoración lo cambia todo porque invade e impregna cada aspecto de nuestras vidas. Aparece en nuestras vidas rotas y en nuestras relaciones, y a menudo se caracteriza por cuán profundamente amamos a los demás, en particular a la pérdida del mundo.

Cuando adoramos, incluso en circunstancias extremas, pasamos de palabras que derriban a palabras de bendición que alientan la vida de los demás. Ahora tendremos disposición y afán de servir, obteniendo energía de bendecir a los demás. Convierte tus preocupaciones en adoración y observa a Dios convertir tus batallas en bendiciones.

La adoración siempre comienza con la fe y se ha convertido en una fuerza que cambia la vida en cada área y momento de mi vida. La adoración no es una expresión de cómo nos sentimos sino una elección de aceptar la soberanía de Dios, de hacer siempre lo correcto. La adoración lo cambia todo, porque abre nuestros corazones y nuestras vidas al flujo de la bondad, la misericordia, la gracia y el amor de Dios hacia todos los que encontramos.

Persevera en tu quebrantamiento

Dios siempre está con nosotros en nuestras luchas. Muchas veces hemos intentado comprender el significado oculto de nuestro sufrimiento que nos pesa. W. B. Steven lo expresa tan bellamente en este himno: *"Más adelante lo sabremos todo, más adelante entenderemos por qué. Anímate hermano, vive bajo el sol, poco a poco lo entenderemos todo"*. A medida que crecemos en la experiencia de la vida, también crecemos en nuestra participación en las pruebas, y muchas de estas pruebas nos hacen quebrar y destrozarnos. El peso de nuestro quebrantamiento puede enojarnos y perturbarnos. Nuestras pruebas a menudo nos hacen cuestionar nuestra fe, nuestra esperanza, nuestro amor, nuestra paciencia, nuestra resistencia, pero la Palabra de

Dios dice que Jesús nos aliviará de nuestro dolor si se los entregamos. Él te dará gracia para atravesar este período de tu vida, y en su lugar te dará Su paz.

A menudo nos sentimos oprimidos, agotados, frustrados e incluso ambivalentes ante nuestras pruebas. El Señor nos insta a darle un nombre a nuestros problemas. Enuméralas y luego aprende a afrontarlas con Él. Es un elemento básico de la sabiduría humana y cristiana que debemos comprender y ver la utilidad de nuestras pruebas y afrontarlas fielmente. Es muy importante señalar que cuanto más amamos y más servimos a Dios y nos ponemos a su disposición, mayores son estas pruebas, pero debemos seguir perseverando. Si nos encerramos en nuestro pequeño mundo, si nos convertimos en misántropos y si no salimos de nuestro egocentrismo, sólo experimentaremos la prueba de la frustración personal.

Os animo a pedir al Señor que os ayude a desarrollar una mirada valientemente parecida a la suya, para que podáis entrar en su verdad y poder experimentar el gozo reservado a quienes afrontan las pruebas de la vida. Mientras perseveramos, concédenos, oh Señor, que podamos afrontar la realidad de las pruebas en nuestras vidas. No son simplemente un hecho, sino un misterio, porque es a través de ellos que captamos un aspecto de la contingencia experiencial e histórica que marca nuestro ser y al mismo tiempo captamos algo de Ti. Que también nosotros, en alguna pequeña medida, contemplemos tu misterio a través de la experiencia de las pruebas.

Debemos permitir que nuestras pruebas y luchas de la vida sean vistas como una forma en que Dios, en su providencia, nos mantiene alerta. Al reflexionar sobre nuestra propia experiencia, estamos obligados a admitir que fácilmente nos quedaríamos dormidos si no fuera por los continuos pequeños sufrimientos, los continuos estímulos físicos y morales que nos obligan a mantenernos en forma para el combate espiritual. Hay una misteriosa providencia divina obrando en nuestras vidas mientras experimentamos quebrantamiento. Este misterioso proceso actúa purificando a los individuos y a las personas mediante problemas y dolores. Aunque no comprendamos plenamente el por qué de este modo divino de hacer las cosas, estamos llamados a contemplarlo tal como se manifiesta en la peregrinación del pueblo de Dios, para que podamos aceptarlo, al menos en cierta medida, en nuestra vida personal.

Nuestras pruebas pueden revelar nuestra debilidad, pero que sea un paso que nos permita avanzar más rápidamente hacia Jesús. Dios nos dará una comprensión verdadera, nueva y más profunda de sí mismo. Debemos esforzarnos por conocer a Dios y a nosotros mismos para conocer el sufrimiento de la humanidad y los problemas con los que muchos corazones tienen que luchar, para que podamos tener una experiencia cada vez nueva y más verdadera de Él. Podemos sentirnos tentados a no perseverar en nuestras pruebas, pero aquellos que oran para no caer en la tentación ya han obtenido la mitad de la victoria. Jesús insta a sus apóstoles a "Orar para que no entréis en tentación." Es una petición que subraya la importancia que no siempre entendemos y que muchas veces decimos sólo con los labios. En él pedimos al Padre que podamos captar la presencia de luchas y pruebas en tantas situaciones y que no nos lancemos precipitadamente hacia ellas sin darnos cuenta de que son pruebas, sino que las afrontemos con oración. Cuando nos damos cuenta de que determinada situación o acontecimiento de nuestra vida es una prueba a la que Dios nos está sometiendo. Ya hemos superado la mitad de la dificultad. Si captamos el aspecto de nuestra prueba y clamamos: "Señor, no me dejes caer en la tentación, ayúdame a comprender que estoy pasando por un momento importante de mi vida y que tú estás aquí conmigo, probando mi fe y amor mío", dijo Dios en su Palabra que nunca nos dejará ni nos desamparará.

Sigue perseverando y no te rindas. Recuerda el poderoso poema. *Huellas en la arena* por Margaret Fishback Powers. Habla de alguien que tuvo un sueño en el que vio dos pares de huellas en la arena. Una huella la representaba a ella y la otra a Cristo. Llegó un momento durante su viaje en el que las cosas se pusieron muy difíciles y difíciles, y durante esos momentos solo había un par de huellas en la arena. Ella cuestionó a Dios y preguntó por qué en los momentos más difíciles la dejaban sola, y Dios aclaró que esos eran los momentos en que Jesús la cargaba. Recordemos esa hermosa imagen de las huellas, ya que Cristo siempre está con nosotros y nunca nos dejará solos. Cuando nos encontremos en los momentos más difíciles y desafiantes de la vida, recordemos que esos son los momentos en los que Cristo nos ayuda a salir adelante. Perseverar es difícil, pero Dios tiene un propósito detrás de cada problema. Utiliza las circunstancias para desarrollar nuestro carácter. De hecho, depende más de nuestras circunstancias hacernos como Jesús. La Escritura nos advierte que tendremos problemas en el mundo; nadie puede pasar por esta vida sin problemas. Todas nuestras pruebas que resultan en quebrantamiento son importantes en el proceso de crecimiento de Dios para usted. Pedro nos asegura a todos: "No temáis ni os sorprendáis cuando paséis por las pruebas de fuego que os esperan, porque no es extraño lo que os sucederá".

A medida que perseveramos, Dios usa los problemas para acercarnos a Él. Creo que este versículo en Salmos 34:18 realmente puede ministrarte, dice: *"El señor está cerca de los quebrantados de corazón, él rescata a los abatidos de espíritu.."* Cuando tu corazón esté destrozado, cuando te sientas excluido y cuando el dolor sea tan grande e insoportable, sigue presionando. Es durante el sufrimiento que aprenderemos a hacer algunas oraciones honestas. Conocí a Jesús en mi dolor y sufrimiento más de lo que lo había conocido antes. Entonces aprendí más cosas sobre Dios que en cualquier otro momento de mi vida. Perseveré más cuando recordé cómo Dios mantuvo a Daniel en el foso de los leones. Me di cuenta de que Dios podría haber detenido el dolor, pero permite que muchos de estos problemas persistan. Estoy convencido de que todo lo que le sucede a un hijo de Dios proviene de Él, y Él tiene la intención de usarlo para bien, incluso cuando el diablo y otros lo piensan para mal. A medida que continuamos perseverando, debemos ser conscientes de que nuestra esperanza en tiempos difíciles no se basa en pensamientos positivos. Es una certeza basada en las verdades de que Dios tiene el control total. El plan de Dios para nuestras vidas involucra todo lo que nos sucede. Cometemos errores, pero Dios nunca comete errores.

Mientras perseveraba a través de mi dolor, supe que Dios estaba construyendo lentamente mi carácter. Os animo a no evitar ni escapar de las dificultades ni cortocircuitar el proceso. También podemos regocijarnos sabiendo que Dios está pasando por el dolor con nosotros. Sea paciente y persistente. Niégate a rendirte, pase lo que pase. Sabrás que estás madurando cuando comiences a ver la mano de Dios en las circunstancias desconcertantes, desastrosas e inútiles de la vida. Confía en Dios y sigue haciendo lo correcto. Es vital que nos mantengamos enfocados en el plan de Dios y no en nuestro dolor o problema. Su concentración no determinará necesariamente cómo se siente, así que no se desanime si sus sentimientos no mejoran de inmediato. El secreto de la resistencia, sin embargo, es recordar que tu quebrantamiento y dolor son temporales, pero tu victoria será eterna. Estoy siendo transformado por todo mi dolor y mis pedazos rotos y destrozados.

Bill Gaither escribió una canción que me encanta. Se llama "Something Beautiful" y la letra del primer estribillo dice: *"Algo hermoso, algo bueno, Él entendió toda mi confusión, todo lo que tengo para ofrecerle fue quebrantamiento y lucha, pero Él hizo algo hermoso de mi vida"*. Mientras reflexiono sobre mi viaje hasta ahora, doy gracias a Dios por hacer algo hermoso a partir de mi vida rota y destrozada. De la prueba al triunfo, de la víctima al vencedor, de la quebrantada a la bella. Gracias Señor por la historia de mi vida.

Oración de compromiso

Roto pero no destruido

www.ingramcontent.com/pod-product-compliance
Lightning Source LLC
Chambersburg PA
CBHW071221160426
43196CB00012B/2367